軽量
登山入門

LIGHTWEIGHT SAFETY CLIMBING

栗山祐哉

登山をしている時間のほとんどは歩いている。
背負う装備を軽量化することは
この大半の時間を「楽」にするという行為だ。
また、登山が「楽」になるということは、
それだけ体力の消耗を軽減することでもあり、
登山における多くのリスクを
回避することにもつながる。

登山装備の軽量化は、
ただ軽くすればいいというものではない。
これから登る山の難易度、
季節による危険度、
予報と変わる可能性のある天気など、
さまざまな条件を考慮して、
あらゆることへ対応できる準備をしつつ、
軽量化を図ることが重要だ。

はじめに

登山を行う際の装備重量は可能な限り軽くしたい。これは誰もが思うところでしょう。背負う荷物が軽くなれば、登山はより快適に、より楽しいものとなります。またそれだけではなく、荷物が軽くなることで登山における安全性も高まります。山岳遭難死亡事故の発生要因第一位は転滑落であり、全体の約半数を占めます。荷物が軽くなれば転滑落を引き起こすリスクは遥かに小さくなり、山で命を落とす危険性は軽減されます。

一方で、山岳遭難死亡要因の大きな項目のひとつに低体温症があります。いついかなるときも暖かく夜を過ごせるビバークギアを携行すれば、低体温症により命を落とすリスクは大きく軽減されます。つまり、日帰りであっても、寝袋やスリーピングマット、ツェルトなどのシェルターを常に携行すると考えると、それこそ軽量化を進めなければ現実的ではありません。

近年ではアメリカのウルトラライト・ハイキングのカルチャーが一般に浸透していますが、本書ではあくまでも〝安全のための軽量化〟という考え方を軸にしていきたいと思います。登山教室の主宰として長年考え抜いた、安全登山のための装備と考え方を公開しています。ぜひ、これから登山装備の軽量化を進めようと考えている皆様の参考としていただければ幸いです。

栗山祐哉

PART 3 基本装備の軽量化

PART 4 幕営装備の軽量化

PART 5 補給のための装備の軽量化

PART 6 非常時装備などの軽量化

COLUMN

※本書に掲載されている「参考重量」(P62〜)は、基本的に著者私物を著者自身が計量した重量で、メーカー公表値ではありません。また、各カテゴリーで比較的軽量なものを参考にしていますが、必ずしも最軽量の数値を示すものではありません。著者自身による加工、計量時の湿度などでも変化する数値であることをご留意ください。

PART

1

軽量化すべき理由

登山装備は軽ければ軽いほど楽なのは誰でも承知のはず。
しかし、軽量化すべき本当の理由は
楽になることだけではない。
楽になることと同等に重要な、軽量化の目的を再認識しよう。

理由 1

山岳遭難事故防止のため

転滑落を起こさないためには、装備の軽さが重要

登山における安全性は装備の重量と密接に関係している。

山岳遭難死亡事故の発生要因第一位は転滑落であり、死亡事故全体の約半数を占めるとされている。つまり、転滑落さえ起こさなければ、山で命を落とす危険性を半分にまで下げることができる。

登山の装備を軽くすることは、岩場などの不安定な場所でバランスを崩すリスクを減らす。登山の装備をコンパクトにすることは、枝などに引っ掛けてバランスを崩すリスクを減らしたり、風などに煽《あお》られてバランスを崩すリスクを下げたりできる。

また、軽量化の恩恵はバランスを崩しにくくなるだけではない。当然、背負った荷物が軽くなれば疲労が軽減される。このことは判断力の低下を防ぎ、道迷いや小さなミスから誘発される装備の紛失などのリスクを下げることにもつながる。

登山装備の軽量化というと、危険なのではないかという声が挙げられがちではある。しかし山岳遭難事故の発生統計を分析すれば、登山の安全性を高める上で、軽量化は最も有効な手段であるといえるだろう。

理由—2

快適に山に登るため

登山における快適とは、どこにあるのかを考える

登山における軽量化とは、「快適さ」を失うことでもある。例えばシェルター（P84）。ダブルウォールのドーム型テントを使えば、風に強く、結露も少なく、前室に靴を置くスペースまであり、まさに「快適」である。一方、ツェルトを選択した場合は、風でバサバサとわずらわしいし、時には風で倒壊する場合もあるだろう。結露もひどく、すき間もあるので虫に対する防御も完璧ではない。テントと比較した場

合、明らかに「快適」ではない。

しかし前述のテントは軽いものでも１kg程度にはなる。これをツェルトに変更することで、おおよそ７００g前後軽量化できる。

登山とは、何を目的としたアクティビティであるか今一度考えてみたい。登山の目的はテントに泊まることではなく、歩くこと、登ることだ。テントに泊まることはその目的のためのプロセスに過ぎない。山には歩きに、登りに行っているはずだ。であれば、歩きにおける「快適」こそ登山に求められる快適さではないだろうか。

確かに登山の装備を軽量化することで、その装備に関連する快適さは損なわれるかもしれない。しかし、その軽量化の積み重ねは、登山における快適さを増すものでもあるといえるだろう。

理由 — 3

登山の成功率を高めるため

より困難な登山を成功に導くことにつながる

丈夫で高性能な装備の数々は、あらゆる気象環境の中でも耐え得る。しかし現実には、悪天候時に登山を行うのは危険であり、可能な限り避けるべきである。安心を得るために、無駄にハイスペックな道具で装備を構成することは、装備全体の重量を増やしてしまうことにもつながる。

長期の縦走や難易度の高い岩場などの登攀《とうはん》を含む山行においては、装備の重量がダイレクトに成否を分ける場合がある。重い装備に体力を奪われ、疲弊して登頂を断念せざるを得ない場合もある。

安心のためにより強固な装備を組み合わせたがために、その重さから転滑落のリスクを増したり、登れたはずのルートを登れなくする場合もある。もちろん自分が計画する山行に十分耐え得る装備である必要はあるが、必要値を大きく上回るスペックは無駄でしかない。

どんな気象環境にも耐え得る装備とは、考えることを放棄した怠惰な道具の選び方である。自分の行う登山に必要なスペックを見定め、その範囲で最も軽量となる選択を考えることもまた、あなたの登山の一部である。成功への道は道具選びからはじまっている。

理由
―4
初心者と中高年こそ軽量化を

軽量化が経験不足や衰えを補う

登山初心者は体力や持久力が十分に訓練されておらず、まだ登山に順応した体になれていない。また中高年になると体力にも衰えが見えはじめ、体のどこかに常に不調を抱えているものだ。そこに重い装備を背負っての登山となると体への負担は大きく、早期に疲労してしまう可能性が高い。軽量な装備を選ぶことで、体力や持久力の不足を補うことができ、より長い時間、より安全に登山を楽しむことができるようになる。

初心者は山での経験も不足している。山岳環境は変化に富んでおり、予期せぬ事態は往々にして起こる。装備が軽量化されていれば、緊急時にも迅速に対応することが可能になり、不測の事態にも柔軟に対処できることだろう。また、関節や筋肉に衰えがきている中高年の場合、重い装備での登山は関節や筋肉に負担をかけ、ケガのリスクを高める可能性もある。軽量な装備はそうした負担を軽減し、ケガの予防にもつながる。

初心者や中高年こそ軽量化に取り組むことの重要度が高い。それが結果的に安全で楽しく山を楽しむことになるのだから。

laser

PART

2

軽量化理論

軽量化とはつまるところ山に持ち込む道具を
「減らす」か「軽くする」ことだ。
本章ではそれぞれの道具の軽量化を図る以前の、
軽量化における理論的なことに触れていきたい。

概論 1

ベースウェイトとパックウェイト

消耗品の重量を下げられる計画と調査が必要

登山装備を計量する基準として、ベースウェイトとパックウェイトというものがある。パックウェイトはバックパックの全装備重量、ベースウェイトはそこから、水、食料、燃料、トイレットペーパーなど、消耗品を除いた重量を指す。ちなみに、着ている衣類なども含めて計量することはスキンアウトと呼ぶ。

装備構成を考える際の基準としてはベースウェイトで考える必要がある。消耗品類は山行日程や行程などによって構成が異なる。どの装

必要なものは人それぞれなので、同じ山行でも装備重量は異なる。

備をどう削った結果、装備重量が何kgとなったかを知る上では、山行内容によって変動しない装備の範疇での変化を知る必要がある。

一方で、**実際の山行においてはパックウェイトで考えなければならない。ベースウェイトはあくまで変動しない装備だけの重量であり、軽量化が進めば進むほどに消耗品の重量比率は上がっていく。**ここでは水場での補給、山小屋での補給なども計画の中に考え、行動中の重量をどう減らすかを考える参考にする。

とはいえ、水場の枯れ、山小屋の休業などがあった場合に困るので、十分な事前調査とともに、万が一の水枯れに備えた沢の位置関係の把握、浄水器の携行、予備食や非常食の備えなども欠かせない。軽量化とは、これら必要装備全てを揃えた上での総合的な軽さをいう。

計量方法	ベースウェイト BASE WEIGHT	パックウェイト PACK WEIGHT	スキンアウト SKIN OUT
バックパック（消耗品除く）	○	○	○
食料・水・燃料など	×	○	○
トレッキングポール	×	×	○
ポケットの中のもの	×	×	○
着用する衣類（帽子・サングラス・靴を含む）	×	×	○

概論
2

道具選びの基準は安全であること

装備が重ければ転滑落のリスクは高まる

登山人口は約30年前からあまり変わっていない。にもかかわらず、山岳遭難事故件数は増える一方だ。これは、携帯電話の普及などで通報できる環境が整ったことで「把握できた数字」が増えているだけかもしれない。いずれにしても、それだけリスクのあるレジャーなのだ。

軽量化の目的は楽に歩くため、より自然を感じるためなどもあるが、第一に安全のためである。登山を始めたばかりの頃は丈夫で高性能な装備こそが安全を約束してくれると錯覚し、い

山岳遭難の発生件数の推移

資料：警察庁生活安全局生活安全企画課調べ『令和4年における山岳遭難の概況』より

かなる困難な環境下でも生き延びられる絶対的性能を求めたくなる。しかし、実際に気象遭難で命を落とすのは統計的に稀《まれ》で、転滑落、それに伴う低体温症が死亡事故のほとんどを占める。**猛吹雪の中でも耐え抜くテントも、１Ｌの水を素早く沸かすバーナーも確かに安全性を高める道具ではあるが、当然重くなる。そしてその重量分だけ転滑落や病気による急死のリスクが増す。**それらがあれば低体温症を防ぐには一見よさそうだが、雨風を避けられ、湯を沸かせられればあまり性能は関係ない。よいと思っていた絶対的性能に首を絞められ、死地に追いやられることもあるのだ。もちろん闇雲な軽量化もまたリスクである。自分の山行に耐え得る、その中で最も軽量な選択をすることが、安全登山のための軽量化となる。

山岳遭難の種類と割合（態様別山岳遭難者）

資料:警察庁生活安全局生活安全企画課調べ『令和3年における山岳遭難の概況』より

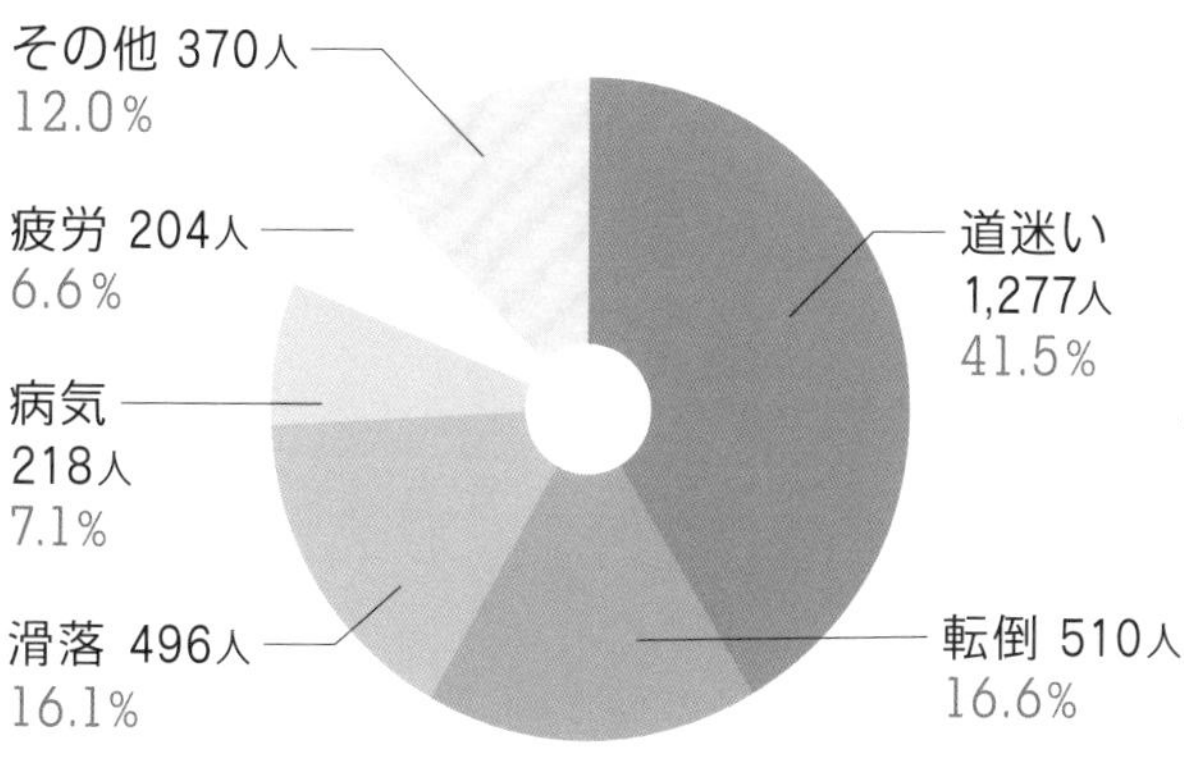

登山時のトラブルで最も多いのは「道迷い」遭難で、登山者の約40%にものぼる。そのうちのさらに40%は単独登山者。また、遭難者の約50%は60〜80代というデータがある。

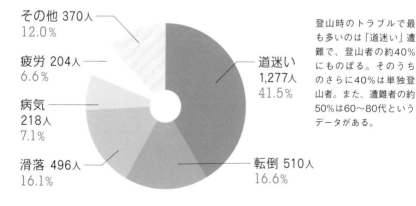

気候変動で山の天気はより読みにくくなったため、備えは万全にしたい。

概論 3

死なないために持つべき装備

必要な装備と快適のための装備を仕分ける

軽量化に最も効果があるのは〝持たない〟ことである。心配だからといってあれもこれもと持つことが、実は最もリスクを高める結果となる。しかし、必要な装備まで持たないことは当然のことながらリスクが高い。

例えば防寒着や雨具（レインギア）、ヘッドライトなどは仮に夏でも、晴れていても、日帰りの予定でも必ず欠かすことなく持たなければならない。それだけでなく、仮に日帰りでも、シェルター（ツェルトなど）、寝袋、マット、鍋とストーブなどは持

死なないために持つべき装備例

服装・装備	服装は気温や天候などに合わせて着脱しやすいものを選ぶ。雨具（レインギア）と防寒着は必須。靴は登る予定の山の気候に合った、登山靴やトレッキングシューズなど歩きやすいものを選ぶ。救急用具、水や非常食、ヘッドライトなども欠かせないアイテムとなる。 このほか、夏山ならば熱中症対策のための日差し避けの帽子も必要だ。
地図・コンパス	山岳遭難の原因として最も多い道迷いを防ぐには地図とコンパスが必要。これはスマートフォン用登山アプリとの併用がよい。
携帯電話や無線機などの通信手段	万一遭難してしまったときに助けを呼べるよう、通信手段と予備バッテリーを携行しておきたい。GPS機能がついたものであれば自分の現在地を正確に伝えることもできるだろう。ただし、携帯電話では多くの山岳で通話エリアが限られる。

つべきであると個人的には考えている。さらに念のため、下着類の替え、非常食、予備食、浄水器などもあると安心だろう。

このように命を守るために必要な装備は、たとえ日帰りでも少し過剰なまでに揃えるべきであると考えている。それでも私の夏装備はベースウェイトで3～4kg程度。決して重くないはずである。逆に快適のためだけに持つような装備、例えば寝巻きやたくさんの着替え、幕営地でのサンダル、ランタン、座椅子、テーブル、たくさんの調理器具のほか、分厚いステーキ肉などは確実に装備を重くするので私の装備にはない。もちろんこれらが絶対にダメというわけではないが、死なないための装備ではない。

軽量化を考える上で、死なないために持つべき装備と、快適のためだけに持っていってしまっている装備をしっかり仕分けることが重要である。

実践1

快適のためだけの装備を外す

買い替えよりも省くほうが軽量化できる

死なないために持つべき装備と快適のためだけの装備を仕分けたら、まずは後者を外すことから考える。装備を軽いものに買い替えることは、重量の差し引きでしかなく、一番効果的なのは今ある装備の中から不要なものを省くことである。

例えば上下500gのレインウェアを上下250gの超軽量なものに買い替えたとしよう。その差は250g。**一方でサンダルを持っていくのをやめた場合、かなり軽いものを選ん**

フライパンにマグカップ、テーブルまで持ち込むと山での食事も快適に楽しめる。歩行時間が短い計画、標高差のあまりないコースであれば、こうした楽しみ方もいいだろう。

でいたとしても250g程度にはなるだろう。レインウェアを軽量なものに替えるのは数万円のお金がかかるが、サンダルを持っていくのをやめるのはタダである。スイッチのあるガスバーナーがあれば湯沸かしも早いし、豪華な食事が作れるかもしれない。だが極端な話、必要なエネルギーを補給さえできれば、食事は豪華である必要はない。他にもカトラリーや食器など、実は食事まわりで削れる道具はたくさんあるのだ。

ここで大事なことは、死なないために持つべき装備は削ってはならないということ。何が必要で何が不要かを徹底的に考え、少しずつ削っていこう。何でもかんでも装備から外してしまうのは危険だ。

快適のためだけの装備例

カメラ

山でしか望めない絶景を高画質な写真に収めたい気持ちは否定しない。しかし、昨今のスマホにはデジカメ以上の性能を持つカメラ機能が搭載されている。通信手段ともなるスマホがあれば、思い出も十分に残すことができるだろう。

ランタン

幕営をするからといって、キャンプのようなランタンは必要ない。夜更かしせずに暗くなったら寝るように行動し、体力回復を図る。トイレや日の出前の行動時はヘッドライトを使用すればいい。

サンダル

何時間も歩いてきて疲れた足を解放させたい気持ちも、トイレのたびに靴を履く億劫さもわかる。でも、サンダルはなくても命に関わらない。かさばるしパッキングにも困るので除外しよう。

カップ

バックパックに軽量のマグカップがぶら下がっているのをよく見かけるが、転滑落のリスクを高めるためNG。山でのコーヒーは格別なものだから、じっくり楽しみたいところだが、ドリップまでは贅沢すぎではないだろうか。湯に溶かすタイプのものであれば、クッカーで代用できるはずだ。

チェア

疲れた状態の幕営時に、背もたれに寄りかかって座りたい気持ちはよくわかるが、そのためだけの装備としてはチェアは重すぎる。マットを折りたたんで背もたれとするアイテムなどもあるが、そこまで快適なものでもないので、重要な装備とはいえないだろう。

実践
2

同じ機能のものを外す

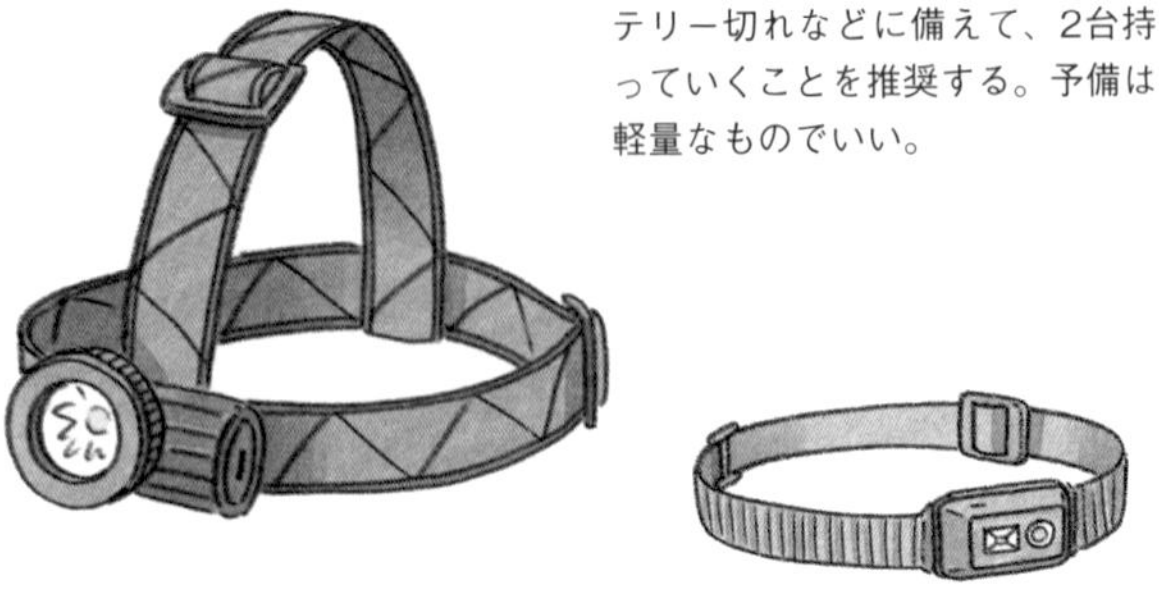

軽量化を突き詰めたとしても、ヘッドライトは故障したときやバッテリー切れなどに備えて、2台持っていくことを推奨する。予備は軽量なものでいい。

削れるものを見極めつつバックアップも意識する

機能が重複するものも装備から外す。前述のようにヘッドライトがあるのだからランタンはなくてもいい。モバイルバッテリーで充電できるのであれば、GoProの予備バッテリーはいらないかもしれない。バックパックのレインカバーを持つなら、途中休息時のグランドシートはこれでいいかもしれない。カトラリーは複数持たなくても、先割れスプーン一本のみとか、箸のみでもいいかもしれない。他にもいろいろなアイデアはあるだろう。

このように、多少不便でもどちらかひとつあればも

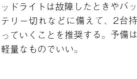

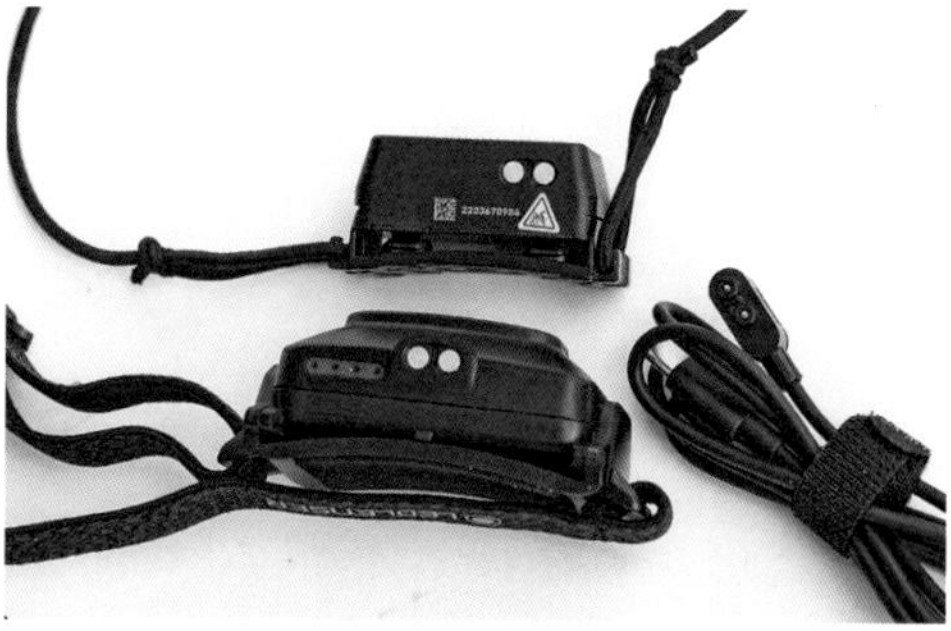

充電方式がマグネット式なら、端子が露出せず水が侵入しにくい。これにより故障トラブルのリスクを軽減できる。

うひとつはいらないといったものはいくつもある。これらを削ることで、さらなる軽量化が期待できる。ただし重複しても外さないほうがいい装備もある。例えば私はヘッドライトはふたつ持つ（P72）。**メインのヘッドライトが故障したとき、バッテリーが切れたときなどのために備えて予備のヘッドライトを用意している。**誰かがヘッドライトを忘れたときも貸し出すことができる。この場合、同じ充電端子のもの同士にしておくことで、一方を充電しながらもう一方を使うといったサイクルを生み出すこともできる。ケーブルの数も減らせるので実に合理的だ。他にもライターの火がつかなかったときのためのマッチなど、何かが使えなかったときのためのバックアップは外さないほうがいいだろう。もちろん、重複するものが増えればそれだけ重くなるので、重要度が高く、重量増が少ないものに限ることにはなるが。

実践3

全ての装備を計量する

グラム単位で追求するのが軽量化の真髄だ

こうして残った装備の全ての重量を計測し、グラム単位で記録する。大真面目な話、この数グラムの積み重ねが後に大きく影響してくる。例えば1本8gの差のペグがあったとしよう。これを仮に12本使ったとしたら、96gもの差になる。このような差を10カ所探し出せば、合計で1kg近い差になってくる。

グラム単位の軽量化とは、洒落《しゃれ》や酔狂ではない。軽量化の真髄である。

ひとつひとつの装備の重量を計ったら、あとで編集できるソフトで、かつスマートフォンでも共有できる形で記録するといいだろう。こうすることで、他に買い替えるときの参考データになる。また新たに購入した装備も、メーカー公表値を鵜呑《うの》みにせず、必ず自身で計量してデータを書き換える必要がある。メーカー公表値はあくまで平均値であり、製造誤差は必ず生じる。自分自身の装備の重量なので、きっちり計測を行うことが大事だ。

1

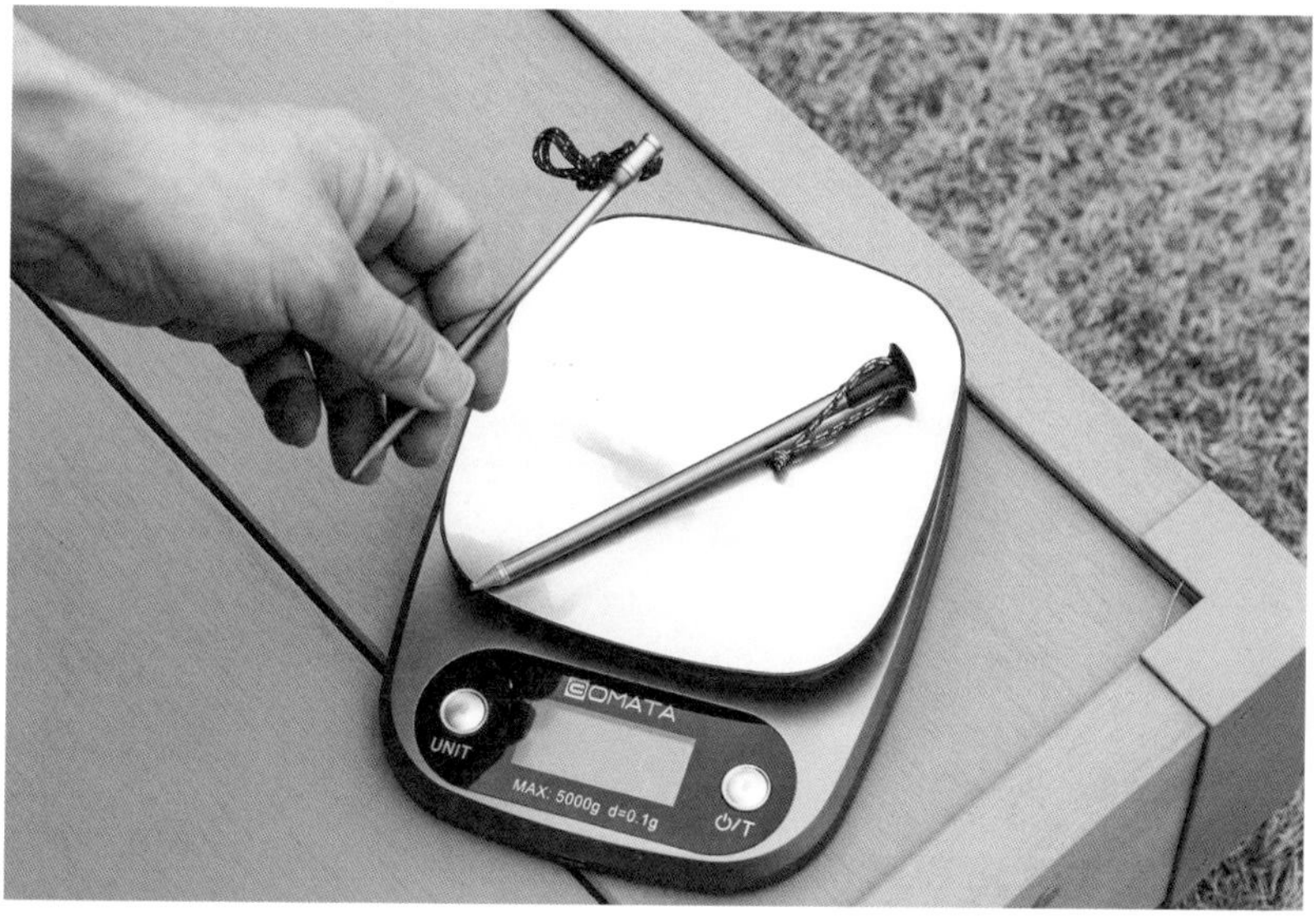

3

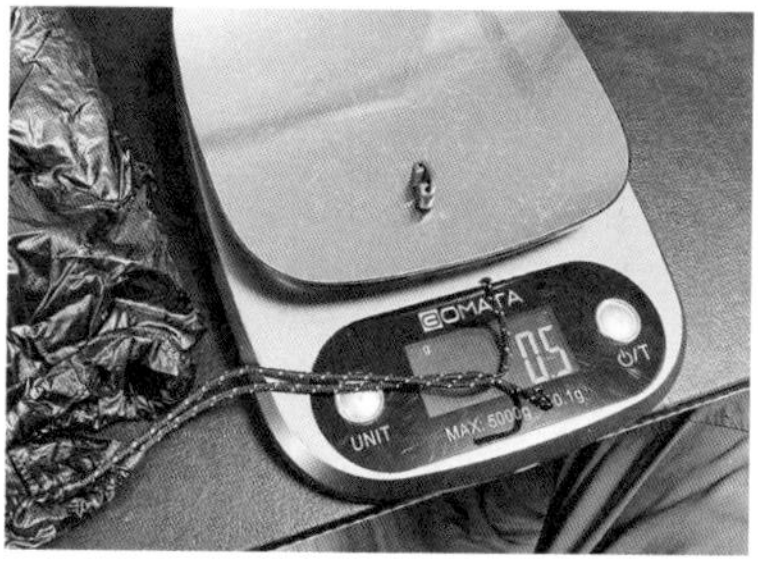

2

1 登山装備のほとんどは料理用などのスケールで計測することができる。
乗せられないサイズのものは体重計などで計測しよう。

2 バックパックの総重量（パックウェイト）を計るときは、
旅行用の吊り下げ式のものが便利。

3 製品によってはコードロックだけで0.5gあるようなものもある。
不要で重たいものなど、削れるところは削る（P36）。

実践 4 重量変化の大きなものから替えてみる

投資対効果が高いところから買い替える

ここまできて初めて、軽量化のための装備の買い替えを検討しよう。一度に全ての装備を買い替えることは難しいので、限られた予算内でできる範囲の買い替えをすることになると思う。このとき、優先すべきは軽量化の効果が大きいものから替えるべきであるということだ。

例えばレインウェアの上下を軽量なものに買い替えた場合、安価なブランドでも上下で3万円以上はするだろう。軽量化できるのは200～400gといったところだろうか。ではドー

一般的なドーム型テントを、ツェルトやタープにすることで、約1kg軽量化できてしまう。幕営地の環境や天候を考慮して検討したい。

ム型テントをツェルトに買い替えた場合、同じ3万円で700g〜1kg程度の軽量化が見込める。グランドシートやペグの本数、ペグの種類やガイラインの種類まで見直せば、さらに200〜300g程度の軽量化を果たせるかもしれない。

このように、まずは投資対効果が高いところから軽量化を進めるといいだろう。**ただし、バックパックだけは最後にしたい。**しっかりとしたフレームの入ったバックパックを使っているとしたら、バックパックを買い替えることで大幅な軽量化が果たせることだろう。しかし、**重い装備のまま軽量なバックパックに切り替えると、体に大きな負担がかかる場合が多い。**バックパックの中身の軽量化が終わった後に、バックパックを替えたほうが失敗がないだろう。

バックパックを軽量化しても、山行計画によってはそぐわないサイズになり、外部に多くの荷物を取り付けて運ぶことになる。装備を落としたり木に引っ掛けたりして転倒するリスクもあるので極力避けたい。

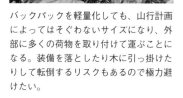

実践 5

装備の不要な部分を加工する

塵《ちり》も積もれば山となる

例えばバックパックの長すぎるストラップ、スタッフバッグのコードロック、バンジーコードをクリップするアクセサリーカラビナなど、不要であったり、結べば解決できたりする部品などは徹底的に除去していく。ひとつひとつはわずかながら、やり始めるとにかく数が多い！　**全部実施することで100gを超えることもある**だろう。またバックパックのトップリッド（雨蓋《あまぶた》）やウエストベルトなども、取り外せるモデルであれば取り外しの検討をしてみよう。これも200～300g程度軽くなることがある。

他にもバックパックに無駄にたくさんのポーチを後付けしていたり（もちろん外す）、必要なポーチであっても使っていないベルト類があったり（ハサミで切り取る）、太いコードを使っているスタッフバッグは軽量なダイニーマ製のコードに替えてみたりなど、徹底的に重量を削っていく。

この段階で可能な限りスタッフバッグの数を減らしたり、どうしても仕分けたいものはジッパー付きの密閉袋に切り替えるなどして軽量化を進める。地味な作業の繰り返しだが、**直接的に性能に左右しない無駄な重量を減らすことができる。**

ウエストベルトの部品を外す

バックパックのウエストベルトの部品を外す。総重量が軽くなれば荷重を腰に分散させる必要性が減る。内部の細いベルトで左右への振れを軽減できればいい。

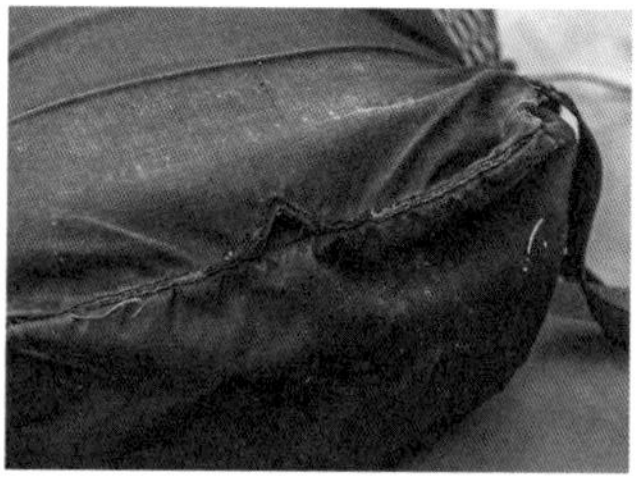

コードロックを外し自分で結ぶ

スタッフバッグなどに付いているコードロック。荷物をぎゅっと絞れて便利だが、自分で結べば問題ない。引き解け結びにするのが便利。

ちょっとした小物はゴムループで固定

ショルダーハーネスにドリンクホルダーやポーチなどは付けない。ゴムループがあればサングラスやタオルなどを固定できる。

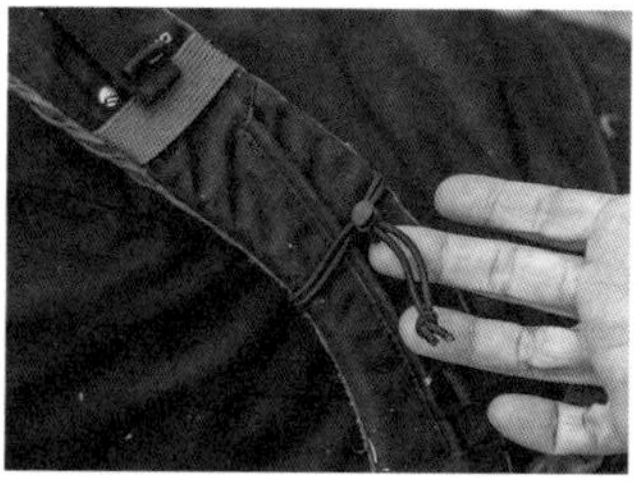

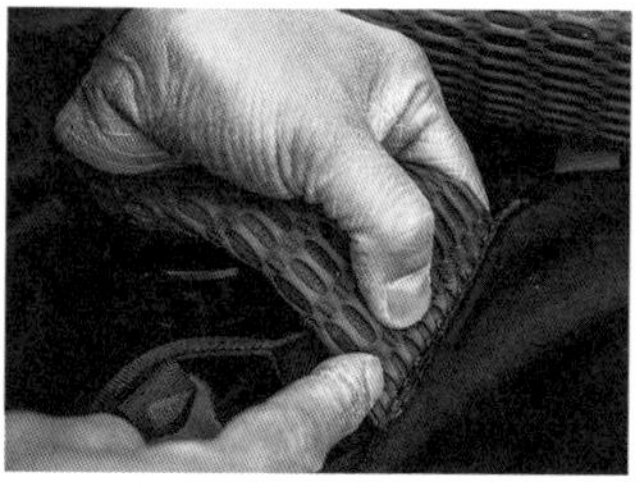

不要な部分はハサミで切り取る

バックパック背面のメッシュ生地とその内側にあったプレートを外した。私はマットをフレーム代わりにするため、バックパックの機能としては不要となる。

実践 6

複数の役割を果たす道具を選ぶ

役割を与えられるかは自分次第

かつてサッカー日本代表の監督を務めたイビチャ・オシム氏が「複数のポジションをこなせる能力」という意味で〝ポリバレント〟という言葉を用いていた。限られた選手枠の中から試合に起用するには、一芸特化型の選手よりもポリバレントな選手が重宝される。これは登山道具にも当てはまるだろう。

例えば、レインウェアは雨避けだけでなく、風が強いときの防寒着にもなる。バックパックは運搬だけでなく、就寝時のマット代わりにもなる

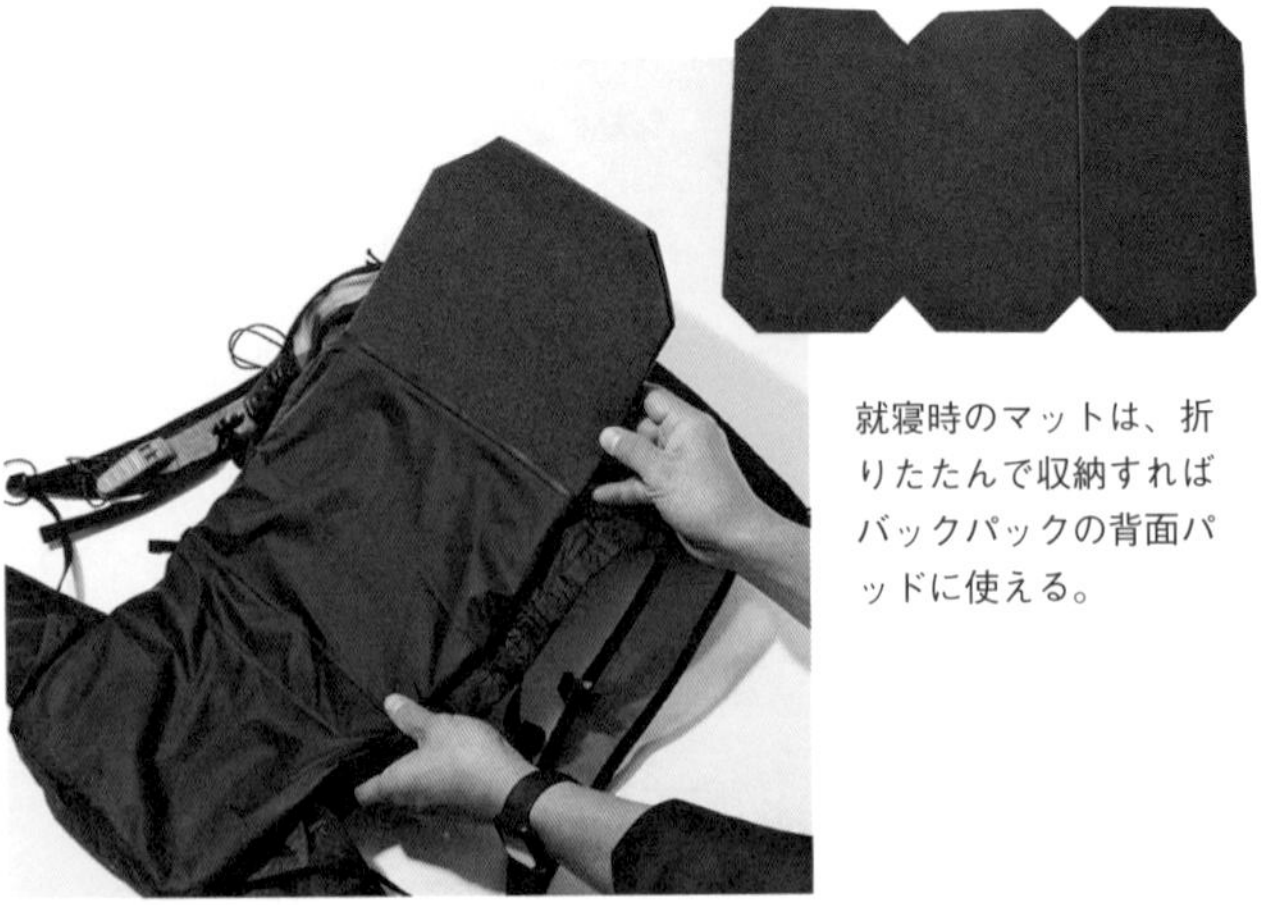

就寝時のマットは、折りたたんで収納すればバックパックの背面パッドに使える。

（Ｐ１１３）。就寝時のマットだって、バックパックの背面パッドやフレーム代わりになる。

つまり、マルチツール（Ｐ１４７）のような、あらかじめ複数の機能を備えた道具を選ぼう、という話ではなく、**自分の山行計画次第で、また工夫次第でひとつの道具に複数の役割を与えることはできる**ということだ。選んだ道具自体がやや重かったとしても、そのおかげで何か一品道具を減らせるのであれば、それは軽量化としての選択になる。こうした考え方を持っていると、あらゆる道具に複数の役割を持たせたくなってくるだろう。こうした思考と実践の繰り返しによって、道具を見極める眼を養うことになり、これが後の軽量化にもつながっていくのだ。

ロープこそポリバレントなアイテムだ。危険箇所での安全確保に役立つのはもちろんのこと、シェルター設営にも役立つし、いざというときには背負い搬送のための背負子にもなる。

テント泊の際にバックパックのレインカバーを持っていくとしたら、テント内に汚れた靴を収納するのに便利（写真ではより軽量なビニール製のものを使用している）。

検証 1

パッキングによる体感重量の軽減化

山行計画によって重心位置を変える

物理的に重量が軽くなるわけではないが、パッキングの方法によって体感重量（実際に体が受ける重量的影響）は大きく異なる。

人が山に登る場合、前に出した足に重心が乗ることで後ろの足の荷重を抜くことができる。山を小さな力で登るためには、前足の重心軸より少し前に体重を乗せる必要がある。重心を移すためには体を前屈みにするが、このときバックパックの重心も上半身と共に前足に乗せやすい位置にあると、前傾が小さくすむこととなる。**具体的には重量物がバックパックの高いところにあったほうが荷重移動はより楽になる。**

また、体をひねるような動きをした場合、重量物が背中から離れた場所にあると遠心力が大きくなる。可能な限り背中に近い場所に重量物があるほうが、回転による遠心力の影響を受けにくい。重量物は可能な限りバックパックの背中寄りの上部に集中するようにパッキングすることで、重心位置と慣性を味方につけることができる。**歩行要素が高い場合には重量物をなるべく高い位置へ、登攀要素が高い場合には重量物をなるべく背中寄りへ。**どのような山行となるのかを考え、重量物の配置場所を考えるといいだろう。

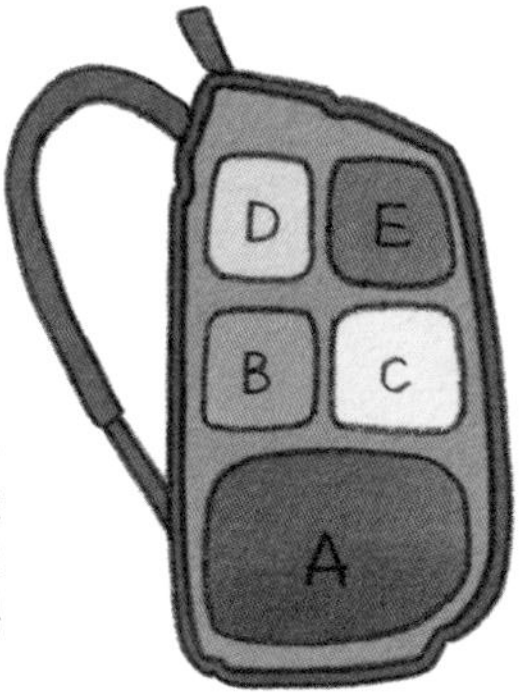

体の近くと上に
重いものを入れる

軽くて使うのもテント設営後になる寝袋をAの位置に入れる。Bの位置には重量のある調理道具など。Cには幕営道具、Dには水、Eには食料を入れる。

水を背中寄りの
肩の近くに入れる

重量のある水は、バックパック上部のちょうど肩の位置あたりに配置する。より背中側にすると重心位置的に楽に歩けるようになる。

防寒着を
緩衝材として使う

防寒着はスタッフバッグに入れず、そのまま入れたほうが他の道具との緩衝材になり、すき間を埋める役割をしてくれる。

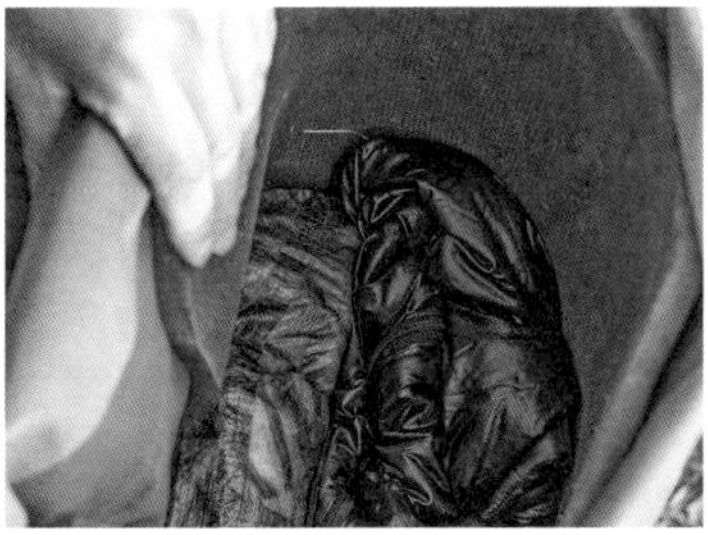

検証

2

道具の組み合わせで軽量化する

大切なのはシステムを構築すること

装備を軽くする際、複数の装備を組み合わせることによってひとつの機能とすることは、とても重要な考え方である。

例えばスリーピングマットは肩からお尻までの長さで十分と考えるならば、頭から足先までカバーする全身サイズに比べて単純に重量と質量は半分になる。その上で、足の冷えを防ぐために、足元には荷物を抜いたバックパックを置き、その上に足を乗せて眠ることで補う。頭の部分も着ていない衣類をスタッフバッグに入れ

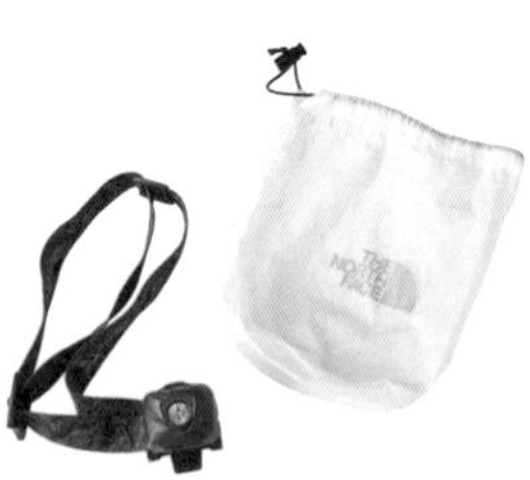

ヘッドライトやスマートフォンのライトに、白いスタッフバッグを被せることでランタンとして使うことができる。

るか、ロープなどを携行していればこれを枕に使ってもいいだろう（P113）。**この手法は登山の世界では古くから行われている軽量化の常套手段である。**

　就寝時に組み合わせるのはマットだけではない。寝袋にプラスして防寒着やレインウェア、ウォーターキャリーを活用した湯たんぽなどを組み合わせて対策する（P108）。

　シェルターについても同様。ツェルトだけでは形にならないが、トレッキングポールを設営用のポールとして組み合わせることを前提にすると、テントに比べてずいぶんと軽量化できるだろう（P47）。

　このように、**複数の道具を組み合わせてオリジナルのシステムを考える**ことで、ひとつひとつの重量を少しずつ軽くすることができる。

スリーピングマットは半身にすることで、バックパックのフレーム代わりにすることができる。その結果、バックパックはフレームの入っていないタイプを選ぶことができ、その分の軽量化ができるか、減らせた重量分を他の装備や機能に充てることが可能となる。

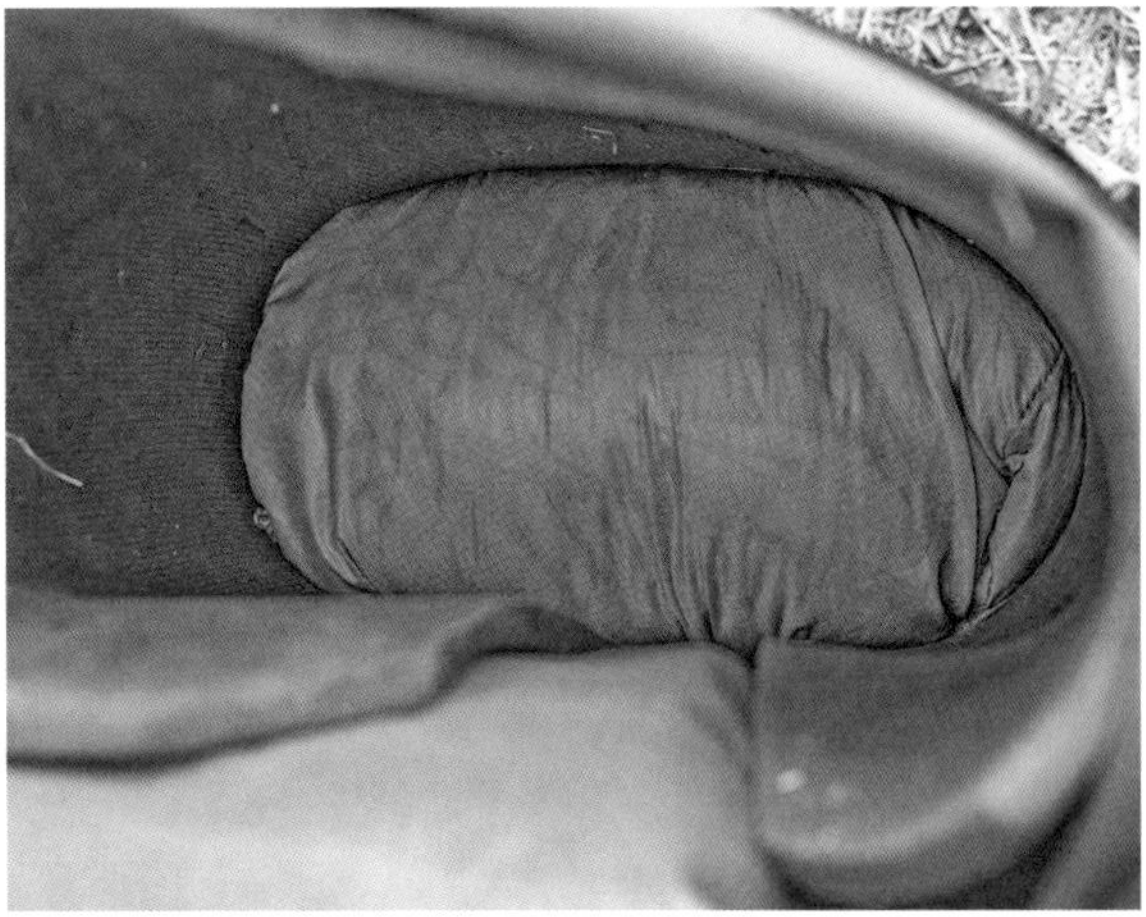

検証3

フィッティングによる体感重量の軽減化

フレームの有無で背負い方は変わる

バックパックと装備重量に合わせた適切なフィッティングをすることで、歩行時の体感重量を軽く感じられたり、その重量を有効に活用することができる。

装備重量が重いときはフレームが入ったバックパックを、装備重量が軽いときはフレームが入っていないバックパックを選択すると快適である。つまり**フレーム入りのバックパックを使っているときは全体的に装備重量が重く、フレームレスのバックパックを使っているときは自ずと背負う総重量が軽くなっている**ともいえる。これにより背負い方に差が出る。

フレーム入りのバックパックの最大のメリットは、その重量のほとんどを腰に乗せることができる点にある。人間の肩はさほど強いものではなく、重量物が乗ると首や肩がとても辛くなる。フレームとしっかりとしたウエストベルトにより荷重を腰に乗せられれば、肩にはほとんど荷重が乗ることはない。体感的には荷物がとても軽く感じるだろう。一方、フレームレスのバックパックの場合は、可能な限り背中の上のほうで荷物を背負うといいだろう。装備重量が軽ければ、肩や首への負担もさほど大きくない。背中の上部にピッタりとつけることで、重心移動の補助効果も上がり、遠心力による影響も最小化されることとなる。

フレームレスのバックパックのフィッティングのコツ

1 ショルダーハーネスを締めて、バックパック全体を腰上に引き寄せる。

2 ショルダースタビライザーを引き寄せる。指2本が入る程度のあそびを持たせる。

3 チェストベルトを締めて、さらにバックパックを体に引き寄せる。

4 重心バランスを確認しながらショルダーハーネスの位置を調節する。

5 チェストベルトの位置が高いと苦しくなる。脇の下のラインが理想。

6 前傾になってみて重心の位置や肩への負担などを確認する。

検証 4

トレッキングポールによる腕の軽量化

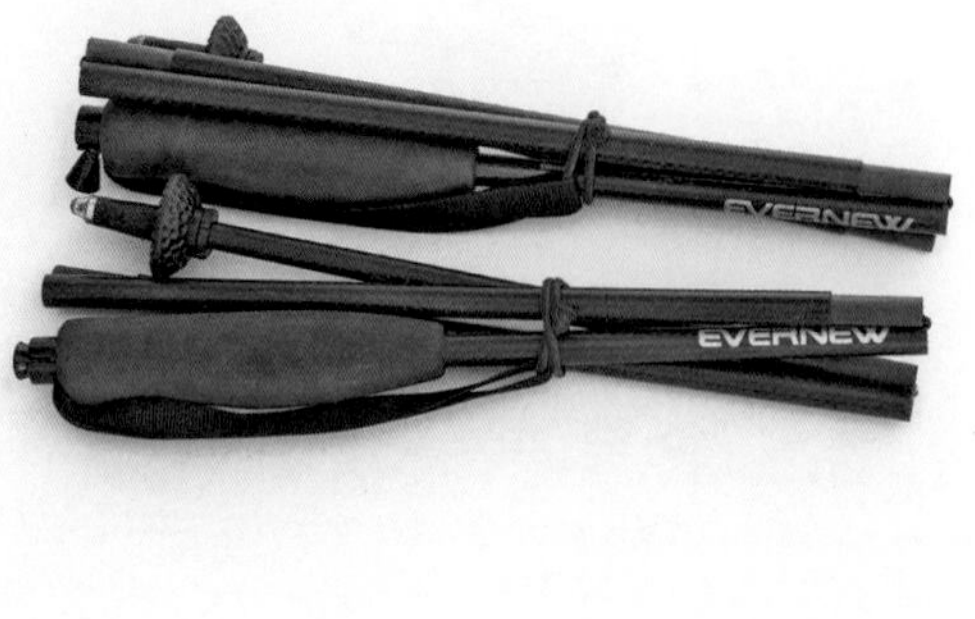

トレッキングポールを使わないときの装備としての重量も考えておきたい。軽いものを選べば200g以下のものもある。ただし軽量なトレッキングポールは強度も下がるので注意が必要である。

腕の重さがアドバンテージになる

トレッキングポールの目的はバランスの保持と推進力の増加にある。トレッキングポールを突くことでバランスをとりやすくなり、結果としてバランスを司る小脳の負担が減る。脳のキャパシティに余裕が生まれることで、判断力の低下を防ぐことができる。また、登りでは腕の力を使って推進力を補助することも期待できる。

これに加え、実は軽量化の面でも大きなメリットがあることはあまり知られていない。

トレッキングポールをシェルターのポールとしても使うのであれば無駄も少ないだろう。装備に加える価値はあると思う。

人間の片腕は体重の6%程度といわれる。体重70kgの人であれば片腕あたりおおよそ4kg。両腕なら8kgである。もちろんこの全てがトレッキングポールに乗るわけではない。しかし、トレッキングポールが肩より低い位置で腕を支えることとなるので、足が受ける重量は少なくとも半分以上は軽減していると見てもいいだろう。仮に片腕を4kgとしよう。単に腕の重量が軽くなるだけでなく、**重力としてトレッキングポールに乗せて地面を突くことで4kg分の推進力にもなる。**両腕合わせれば8kg分と考えるとすごい！

ちゃんと物理法則に則って計算しているわけではないので実際の数字上のところはわからないが、少なくとも相当楽になるのは間違いない。

検証
5
スマートフォンの徹底活用

スマホによって大幅に軽量化された

スマートフォンは今や山に登る上でも欠かせないインフラとなった。山岳遭難事故の通報の多くが携帯電話から行われているし、GPSを利用した地形図アプリによって現在地の把握もずっと簡単になった。

カメラ性能が上がったことにより、デジカメを持たなくても十分いい写真が撮れるようになったし、人気《ひとけ》のない山をひとりで歩く場合も、音楽を流せば寂しくないかもしれない。テント泊の夜、読みたかった漫

ライトのバックアップに

ヘッドライトは必須装備だが、故障や電池切れもある。片手は塞がってしまうが、予備のライトとしてスマホが機能する。

カメラの代わりに記録と思い出を残す

スマホのカメラ機能は高性能。重たいカメラを持たずとも、きれいな写真は撮れる。撮影時間や位置情報と共に保存できる。

画を読み漁るのも楽しみだったりする。

　ひと昔前までは、携帯電話を持ち、デジカメを持ち、ラジオを持ち、文庫の小説を持って山に入ったりもしていた。しかし**時代の進歩と共にこれらは全てスマートフォンに置き換えられるようになった。**知らず知らずのうちにスマートフォンによって登山の装備は大きく軽量化された。

　しかし、スマートフォンへの依存度が高まった結果、スマートフォンの故障やバッテリー切れなどによって、多くのインフラを一度に失いかねない。落とさないようにストラップ付きのケースに入れ、保護フィルムを貼り、モバイルバッテリーを用意するなどしっかり対策をしよう。

地図アプリは
あくまでバックアップ

GPS対応の地図アプリも便利だが、電池切れが怖い。紙の地図を持った上で、位置確認時に使うようにしよう。

スマートウォッチと
連動させる

スマホと連動したスマートウォッチも多機能で便利。心拍数を把握できれば極端に疲労する事態を避けられる。

暇な時間を
読書で過ごす

登山口までの移動時や幕営時の暇な時間を読書などで過ごすこともできる。機内モードで読めるようダウンロードしておこう。

概論
4

軽量化にも限界はある

持ち運ぶ水の量に応じて、バックパックを使い分けよう。

体力と登攀技術を高めることも大事

登山装備の軽量化には、当然のことながら物理的限界がある。死なないために必要な装備を欠かすことができない以上、一定量の装備は持たなければならない。自身の登山（山行計画）に合った最も軽量な装備を揃えていたら、それ以上の大きな軽量化は見込めない。

また山行内容によってパックウェイトは大きく変わってしまう。例えば水の補給が一切できない一泊二日の夏の行程では、水だけで6～8L程度は最低でも必要となるだろう。これに

軽量化だけに頼らず、体力や技術の向上も重要である。

食料が加われば、軽量化を進めたとしても12～14kg程度にはなる。そして、このような登山をするのであれば、ある程度丈夫で、できればフレームも入ったバックパックが欲しくなる。**常にどうすればもっと軽くできるかを考え続けていくことで新たな発見もあるのだが、軽量化の限界も存在することは理解しておこう。**

安全で快適な登山を実施する上で軽量化はとても大きなポイントだが、合わせて基礎体力を向上させる日頃からのトレーニングの実施、ボルダリングジムに通うなどして登攀技術を向上させる、登山に向けて健康状態を整える、歩行技術の向上を目指す、事前情報をしっかりと調べておくなど、総合的な事前準備を行うことでより安全性と快適性は増すものである。

概論 5

軽量化のためのコストのかけ方

コスト高になることは覚悟しておく

既に登山を始めている人が、今ある登山装備を全体的に軽量していくとなると、これまでかけた金額と近い額が必要になることはおおよそ予測できるはず。不要なものを減らすのが一番の軽量化ではあるが、道具の買い替えもどうしても必要となってしまうだろう。加えて、現在使用しているものと同様の性能が担保された道具で軽量化されたものとなると、自ずと高額にもなっていく。軽量化のトータルコストはこれまでの金額以上にかかることも考えられるのだ。そのため、**軽量化は一気に行うのではなく、少しずつやっていくのが一般的**だ。

軽量化に取り組むなら、前述（P34）のように投資対効果の高いアイテムから着手するのがいいだろう。例えばシェルター。ドーム型テントをツェルトにすると、1kgくらい減らせるかもしれない。これを安価だからと数本のペグに数千円かけたところで、1本で数

gしか軽量化できない。また、コストについてはブランドによるところもある。そこは好みにもよってきてしまうが、軽量化＝高額なものばかりではない。何かが削ぎ落とされた分、安くなる場合もある。好みや財布と相談しながら比較検討していこう。

別頁（P35）でも触れているが、最後に買い替えるべきはバックパックだ。おおよそ中身の荷物が軽量化できたところで、バックパックの軽量化に取り組むようにしよう。軽量化は少しずつ行うべきと書いたが、そうこうしている間に道具のほうが進化してしまう点についてはご理解いただきたい。どんなジャンルにもいえてしまうことだが、登山道具もご多分に漏れず〝沼〟なのだ。

表紙で紹介している道具の金額例

主な道具の購入費用を目安で示してみた。
あくまで目安でしかないが、
トータルでかかる金額の指標になれば幸いだ。

	バックパック	4万円
	レインジャケット	3万円
	レインパンツ	1.5万円
	ダウンジャケット	4万円
	寝袋	6万円
	トレッキングポール	2万円
	ツェルト	2万円
	ヘッドライト	1万円
	スリーピングマット	3万円
	調理セット	1万円
	ファーストエイドキット	0.3万円

COLUMN

軽量化の失敗談

以前、とにかく装備を軽くすることを追求していたとき、ダイニーマ素材のわずか90gのバックパックを購入したことがある。早速荷物を詰めて山に入ったら、あるときショルダーハーネスが見事にちぎれた。幸いエマージェンシーキットに裁縫セットも入れていたのだが、痩せた尾根で風を受けながらちまちま裁縫をする羽目になった。バックパックを軽くしすぎるのも考えものである。何にでも適正はある。私の行う登山はハードな内容が多く、強度の足りていない超軽量なバックパックはマッチしなかった。軽ければいいとは限らない。

軽量化は転滑落のリスクを減らす目的もあるが、自分が行う登山において、最低限故障しないだけの耐久性を考慮しておかなければならない。自分がどういう登山をするか、それに対してどの程度の耐久性が必要かを考えておかないと、大変痛い目に遭う。

いかに熟練者といえども、耐久性の見極めには経験がいるだろう。私自身、これ以降バックパックとクライミングハーネスについてはあまり軽くしなくなった。各道具全ての重量を計量しだすと、軽量化にもゲーム性が生まれてきて、どんどん軽量化したくなってくるが、何事もやりすぎないことが重要だ。外しちゃいけないコードロックまで外して、現場で困ったことになった経験もある。皆さんが過度な軽量化を求めて、致命的な失敗をしないことを祈るばかりだ。

PART

3

基本装備の軽量化

防寒着やレインギア、バックパックなどは、
どんな登山においても欠かせない必須の基本装備。
これらの道具に関する軽量化を図ることは、一丁目一番地ともいえる。

全ての荷物をひとつにまとめるバックパック。
それぞれの山行に適したサイズ、機能を選んで、
山行計画に応じた使い分けをしよう。

バックパック

バックパックのサイズの選択

バックパックにはさまざまなサイズがある。大きいものを選択したほうがパッキングは簡単になるが、軽量化の観点から見た場合には可能な限り小さいサイズを選択すべきだ。それは単に生地などの質量が減ることによる軽量化というだけでなく、重量物がコンパクトにまとまっていることにメリットがある。

サイズが大きいことで風に煽られやすくなったり、樹木が密集しているところ、岩に狭まれているところでの行動で引っ掛かりやすくなったりもする。これらは転滑落のリスクを増大させるし、何より疲労につながる。もちろん過度に小さいサイズを選べばいいわけではなく、その山行に必要な装備をしっかりとパッキングできる必要がある。日帰り、一泊程度の登山、長期縦走など、シチュエーションに応じてバックパックを選択しよう。最も多く使用するのは35～45L程度のバックパックとなるだろうか。軽量化を進めればこのサイズで概ね、夏の2泊3日～冬の1泊2日程度まで対応できるはずだ。

バックパックのサイズ

山行計画によってバックパックのサイズは変わる。
ここでは、無雪期の一般的な用途でチェックしてみよう。

50ℓ～65ℓ

用途

長期の縦走
海外遠征
電車移動時

長期の縦走ではこのくらいのサイズが欲しくなる。小型、中型のバックパックとハーネス、ヘルメット、ロープ、靴など装備一式を入れて、移動時のストレージとして使い、現地に着いたら不要なものを駅のロッカーなどに入れるという使い方もある。

30ℓ～45ℓ

用途

短期のテント泊
雪山登山
日帰りクライミング

もっとも使用頻度の高いサイズ。夏の2泊3日、冬の1泊2日まで対応できる。また、ロープやクライミングギア一式を入れた日帰りクライミングでもこのくらいのサイズがもっとも活躍する。

20ℓ～25ℓ

用途

日帰り
山小屋利用
夏のテント泊

安全登山のための装備では、基本的に日帰りでも泊まりでも大きく装備は変わらない。日帰りでもツェルトや寝袋、マットなどのビバークギアを携行する。水と食料が少なくなる分、小さめのバックパックでもいい。

フレームの有無

バックパックには、フレームが入っているものがあるが、
この重量を削ることができればかなりの軽量化になる。

バックパックのフレームは取り外しが可能なものが多い。総重量が軽くなれば不要になるので外してしまおう。

フレームが必要なときと不要なとき

バックパックにはフレームが入っているものとそうでないものがあり、容量の大きなバックパックほどフレーム入りが多くなる傾向にある。フレームが入ることでバックパックの重量のほとんどが腰にかかることになり、これによって肩や背中の負担を大きく軽減できるメリットがある。しかし当然のことながら、荷物の重量を受け止める丈夫なフレームは、バックパックそのものの重量を大きく増してしまう欠点がある。バックパックのフレームの有無で700〜1000gもの重量差が出るケースも多く、軽量化を考える場合、手を出したくなるポイントとなる。

Point 軽く感じるための背負い方

フレームレスでも腰に荷重を分散できる

フレームレスのバックパックは肩で背負うものだが、スリーピングマットをフレーム代わりにしたり、内部のパッキングを荷崩れしないレベルでしっかり詰めれば剛性が上がり、腰への荷重分散もある程度は可能になる。

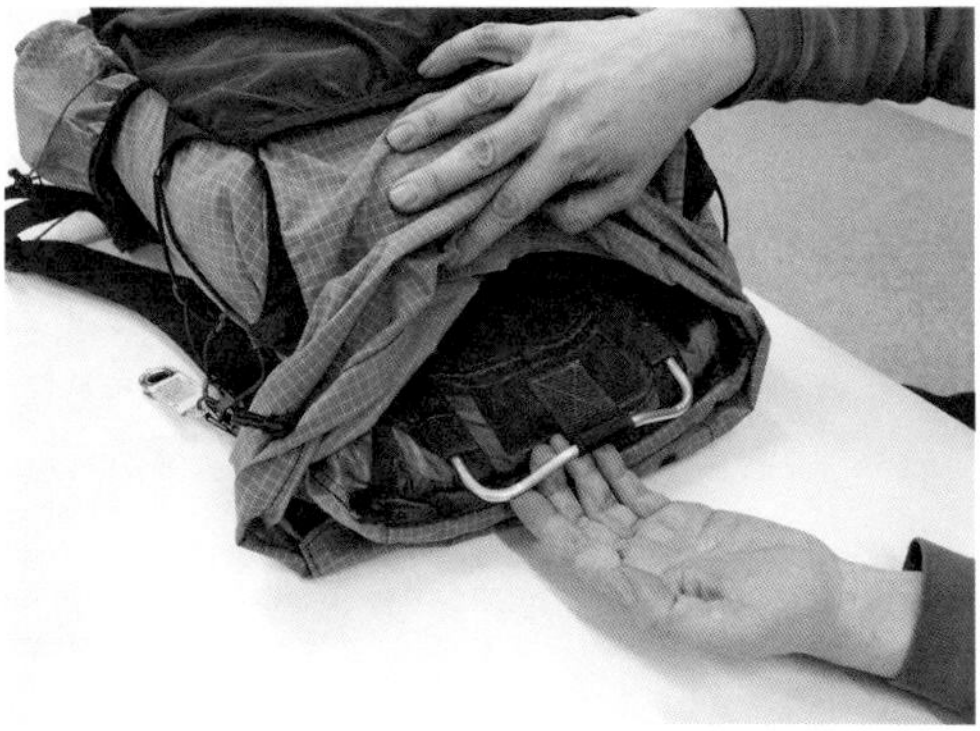

フレームの有無は総重量で判断する

背中の形状に合うようにフレームが内蔵されているバックパックもある。背負い心地は向上するが、それも重量にはなる。総重量が背負い心地を気にしなくてもいいくらい軽くなっていれば外してしまおう。

しかし、バックパックを変更するのは他の装備の軽量化が進んでからにすべきだ。

フレームの入っていないバックパックの多くが小型、中型なので、幕営具を含めた装備を収めるには全てが軽量コンパクトなものに切り替わっていないと、そもそも収納するのが難しい。また、重量の全てを肩や背中で背負えばその負荷も大きくなる。**目安として、パックウェイトで10kg以下、できれば7〜8kg程度にしてからでないと、軽量化によるメリット以上に、荷重を腰に分散できないデメリットが目立ってしまう。**いきなりフレームレスに切り替えるのではなく、フレームを一度外して背負ってみて、重量的にフレームが必要そうか確かめてみよう。

生地の種類

バックパック自体の重量を見直すなら、
どんな素材で作られているかを知って、選ぶための要素に加えよう。

防水性があり、軽量なダイニーマ。全く水を含まないので、雨水を吸って重くならない。

使用シーンに合わせて生地を選ぶ

バックパックの生地の種類も十分に検討しよう。軽量化を優先して考えた場合には、ダイニーマ素材を選んだり、極薄のシルナイロンを使用したバックパックを選択すれば大きく軽量化できる。しかし、ダイニーマ系の生地は縫い目から引き裂かれやすい弱さがあったり、極薄のシルナイロンなどでは摩擦による穴あきなどのリスクも高くなる。例えば岩場の多いエリアを歩いたり、やぶが多いエリアを歩いたりするのであれば、多少重くなっても厚手で丈夫な生地を選択するべきだろう。

また気象環境などによっても生地によるメリット・デメリットが

Point　生地の違いや加工に注目しよう

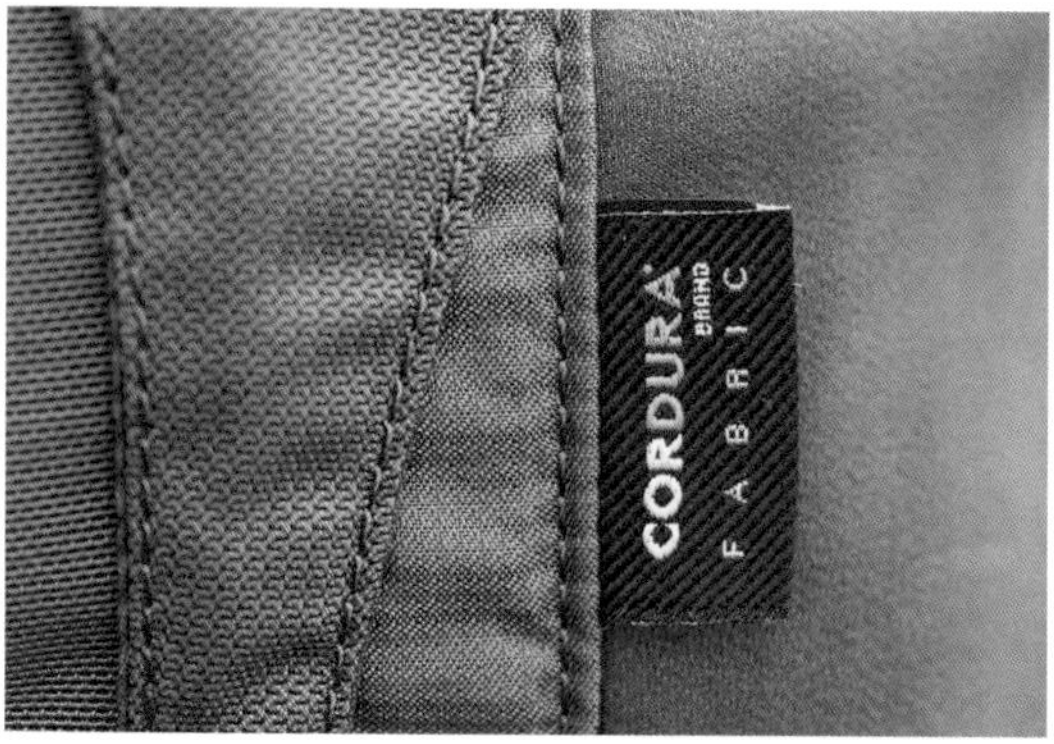

強度があり軽量なコーデュラナイロン

コーデュラナイロンとは一般的なナイロンの7倍の強度を持つ生地で、開発したインビスタ社の認証を受けたもの。高強度で撥水性があり、軽量なのが特徴。生地の厚さは多様で、厚手のものは裏地にポリウレタン加工が施されている。

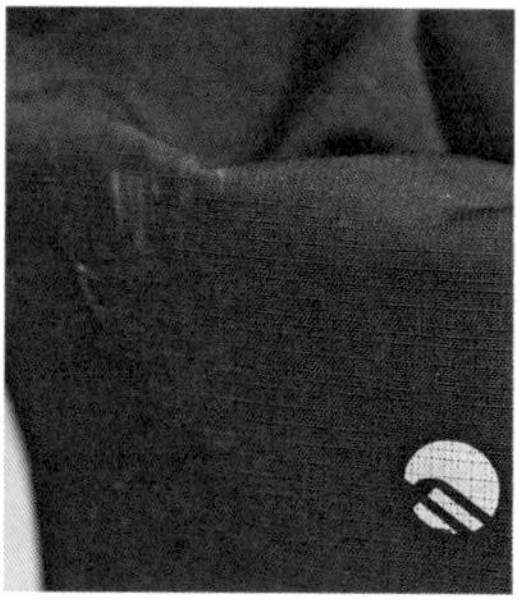

生地自体の強度を増し圧着で機能を持たせる

右の写真の生地は縦と横にナイロンの生地を入れ、引き裂き強度を増したリップストップという生地。左の写真は生地の裏地に防水透湿エンブレンを融着させ、完全防水にしたもの。生地も厚くて強いものを使用。

ある。例えば長期縦走のように雨に降られる可能性が高い場合、ダイニーマのように生地に水を含まない素材を選択すると濡れによる重量増加を防げる。また、**生地の問題以外に、ショルダーハーネスやウエストベルト、背面などにクッション材を多く含んでいると、この部分に水を含むことでバックパックの重量が大きく増す場合がある。**長時間行動や重量物を背負う場合には快適になるクッション材だが、濡れることで軽量化の面では大きく不利になる。

　とはいえ、シチュエーションに合わせていくつものバックパックを揃えるのも現実的ではない。自分の登山のスタイルに合わせ、使用機会の多い山行を想定して購入する種類を判断しよう。

ポーチ類

よく使う小物はサコッシュや
小さいポーチに入れて出し入れしやすくしよう。

**カメラケースを
ポーチとして柔軟に使う**

ショルダーハーネスにつける仕様が多いカメラポーチ。サイズもコンパクトでさっと取り出しやすいポーチとして使える。

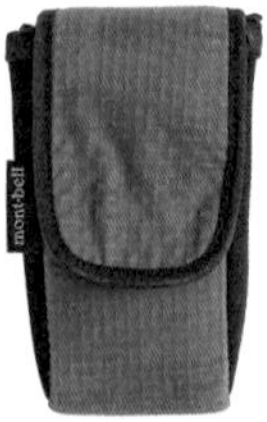

参考重量

32 g

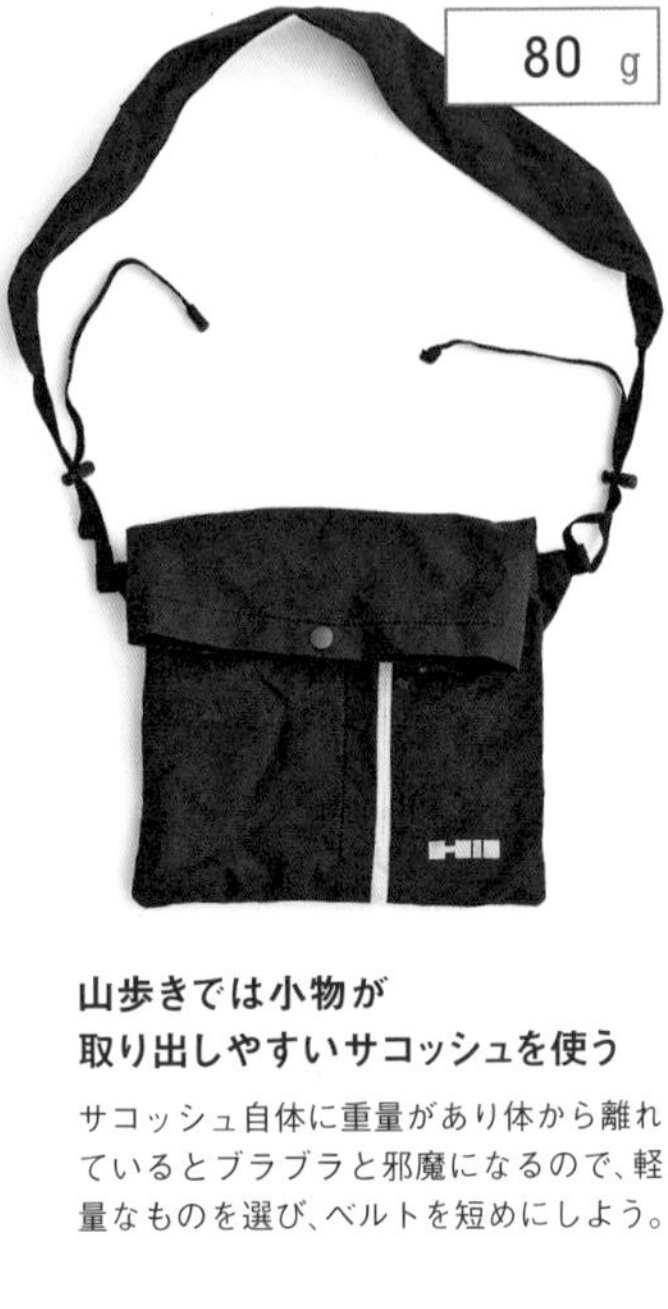

参考重量

80 g

**山歩きでは小物が
取り出しやすいサコッシュを使う**

サコッシュ自体に重量があり体から離れているとブラブラと邪魔になるので、軽量なものを選び、ベルトを短めにしよう。

参考重量

65 g

**登攀を伴う登山で
使いやすいポーチ**

サコッシュは前屈みになると前に垂れてきて邪魔になりがちだが、腰に取り付けるチョークバッグなら邪魔になりにくい。

必要最低限にして多くは持たない

バックパックの軽量化を考えたとき、なるべくポケット類や仕切り、雨蓋などがないものを選んだほうが重量は軽くなる。これらがなくなると山行中に取り出したいものがすぐに取り出せなくなったりして不便だが、サコッシュやポーチがあれば、バックパックのポケットに小物を入れる以上に利便性が高い。

雨蓋などより遥かに軽いものが多く、またポケットに落ち葉が溜まったり、雪が詰まることによる重量増加もない。しかし、当然ながらこれらにも重量は存在するので、必要最低限に留めて使用する個数を可能な限り減らそう。

スタッフバッグ

時間が限られる山行では荷物の整理整頓が重要。
薄くて荷物の整理に役立つスタッフバッグが活躍する。

ポンプサックを寝袋入れに使用する

参考重量 75 g

エアーマット用のポンプサックに寝袋を入れ、マットに空気を入れるための穴から空気を抜きながら圧縮すると、コンプレッションバッグのように寝袋を小さくできる。

圧縮袋を使ってコンパクトにする

参考重量 20 g

スタッフバッグより容量をコンパクトにできる圧縮袋もおすすめ。ハイロフトのダウンやアウターなどがコンパクトになる。使用後の再圧縮も簡単。

私は地図とコンパスを入れるためのカメラポーチと、チョークバッグをふたつ使っている。その中には雨具とヘッドライト、行動食、スマートフォン、時期によってはチェーンアイゼンなどを入れている。**利便性と重量のバランスをよく考えて選択しよう。**

できればバックパックはシンプルな一気室のものを選び、内部の整理にはスタッフバッグを使うといいだろう。このスタッフバッグも可能な限り数を減らし、できればコードロック類も外して軽量化する。スタッフバッグの素材もダイニーマ素材や極薄のシルナイロン、コーデュラナイロンなどの素材を選び、少しでも軽いものを選ぼう。

日本は海に囲まれ雨が多く、山も急峻で上昇気流が発生しやすい。
雨による濡れは山中で最も危険なことのひとつであり、
いかに濡れから身を守るかを考えながら軽量化する必要がある。

レインギア

天気予報にかかわらず必携のギア

レインギアはどんなに晴れている日でも、雨が降らない予報であったとしても、山登りを行う上では必携のギアだ。例えば気圧配置的に平野部で晴れだったとしても、地面が暖められて湿った空気が山の斜面を上昇し、雨が降ることもある。つまり、天気予報は晴れだったが、突然雨になることは山では多分に起こる。また雨避けの他に**レインウェアは防風という大きな役割もある**。レインウェアを着ることで、体が温めた空気を内に保ちつつ、外の風は避けてくれる。風速が1m増すごとに体感温度は1℃下がるため、低体温症を避けるためにもこれはとても大きな役割を持つ。

レインギアのひとつである傘も雨除けの他、日除けにもなるため、熱中症対策にもなる。また、バックパックの防水性が低いのであれば、レインカバーなどの対策を施す必要がある。

レインギアは山の中での生命線ともなるギアなので、必ず携行する必要がある。

レインウェア

濡れによる低体温症を防ぐ必携のウェアだが、
山行によっては軽量なものを選んでもいいだろう。

ファスナーがないパンツを選ぼう

前立てや裾にファスナーがあると便利だが、ないことで水の侵入が減るという利点もある。

参考重量

150 g

シンプルな構造のレインパンツ

山行によっては丈夫さも大事だが、基本的にはレインパンツは使用頻度が低いもの。生地が薄いものを選ぶことで軽量化することができる。

参考重量

200 g

トレラン用の軽量レインジャケット

ポケットやベンチレーションがなく、プラスチックファスナーにコーティングされた軽量の部品を使うなどの工夫がされている。

軽量化を考える場合は2レイヤーを選択する

レインウェアは防水性と透湿性がある薄い膜を生地に貼り合わせて作られている。表面が生地で、裏面が膜の場合は2レイヤーと呼び、表面が生地、中間に膜、肌にふれる部分にメッシュの生地がある場合は3レイヤーと呼ぶ。一般的には3レイヤーのほうがベタつかずに快適だが、軽さでは2レイヤーが勝る。

防水の生地には、耐水圧という指標がある。一般的に20000㎜以上の数値があれば、レインウェアとしての性能は十分だ。

軽量なレインウェアにすることで重量と荷物の容量を大幅に減らすことができる。

傘

参考重量

80 g

重量としてはプラスになるが取り入れたいギアのひとつ。
軽量の傘があると安心感と快適度が大きく変わる。

長さも短くコンパクト。パッキングでは隙間に入れられて邪魔にならない。

骨にカーボンを使用し、生地をかなり薄くしているため堅牢性は低いもののその分かなり軽くなっている。

調理時にストーブの火を風から守る役割も果たす。ただし、近づけすぎないように注意。

引き算だけが軽量化ではない

傘があると重量が増すように感じるかもしれないが、雨が降る確率が高い日は傘があったほうが軽量になる場合がある。衣服やバックパックは濡れれば当然重くなるが、傘があることで濡れを最小限に留めることができる。単に荷物を減らせば軽いというものでもないのが、軽量化の難しいところだ。

レインウェアは表面生地に水が含まれることで透湿性が下がるが、傘でレインウェアの表面の濡れを減らすことで、レインウェアの透湿性を保つことができるのも大きな利点である。また、夏の熱中症対策として、縦走や長い山行のときの日除けにも使える。

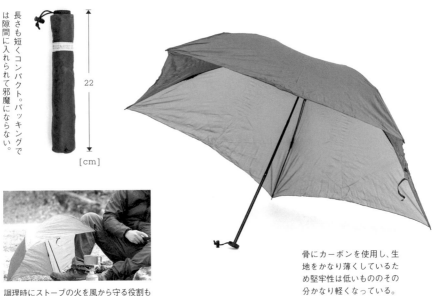

Point 応用テクニック

バックパックの雨対策

パックライナーはゴミ袋で代用する。厚さによるが、例えば45Lなら20g以下に収まる。

ゴミ袋を活用して濡れを防ぐ

バックパックを水から守るためには3通りの手段がある。ひとつめはレインカバーをかけること、ふたつめはパックライナーで持ち物を防水すること、3つめはバックパック本体が防水であることだ。

ひとつめのレインカバーが登山では一般的だが、やや重量があるのと強風に当たると風に煽られて剝《は》がれることもある。3つめはバックパック自体が重いという難点がある。山行というよりも沢登りや渓流釣りなど水に濡れる可能性が非常に高い場合に向いている。ふたつめのパックライナーはゴミ袋でも代用できる。パックライナーだと80g程度となるが、ゴミ袋なら20g程度で済む。

シーズンやアクティビティによって、中綿素材や厚さを変える。
ポケットなどは必要最低限で、生地も薄いものを選ぶと軽くなる。
ダウンの場合はフィルパワー値も考慮したい。

防寒着

素材の特徴を理解して選ぶ

防寒着の軽量化を考えた場合、シーズンに合わせて2種類ないし3種類用意したほうがいい。夏と冬とでは必要な暖かさが変わるからだ。

登山で使う防寒着の中綿素材は大きく分けて2種類。ダウンと化繊がある。ダウンの復元力を表す数値をＦＰ（フィルパワー）値といい、１オンスあたり何立法インチ膨らむかを示したものだ。登山では一般的に８００〜１０００ＦＰ程度の高品質なダウンが使用される。一方で化繊は、４５０ＦＰ程度となるのでダウンと比較して2倍程度復元力に差がある。**防寒着の暖かさは中綿素材によって決まるものではなく、防寒着の厚さ、すなわち空気の層による断熱性で決まる。**同じ重量ならダウンのほうが暖かいし、同じ暖かさならダウンのほうが軽い。

しかしダウンは水に濡れると萎《しぼ》んでしまい、保温力が完全に失われる。化繊はほとんど保水しないので、濡れてしまっても絞れば保温力はおおよそ回復する。これは化繊の大きなメリットである。この特性を活かして使い分けたい。

化繊のジャケット

化繊の中綿はほとんど保水しないのが最大のメリット。
またすぐ乾くので洗濯も簡単に行える。

参考重量
250 g

生地が7〜10デニールなど薄いものを選ぶことで軽量化につながる。海外のガレージブランドなどからは非常に軽量の製品が販売されている。

ダウンに比べ暖かさは劣るが、化繊は濡れてもロフトダウンせず保温性が落ちない利点がある。

軽量化を考えている製品は、ステッチ（縫い目）を少なくして、使用する糸の量も少なくする工夫がされているのも特徴だ。

重量では劣るが優秀な化繊のジャケット

化繊の中綿はダウンに比べて復元力の面で2倍程度劣る。同じ保温力の防寒着とした場合、中綿の重量は2倍の重さになるし、当然コンパクトにもならない。ここが最大の欠点である。

しかし、夏ならダウンにせよ化繊にせよ、中綿の量は少なくてい い。ジャケットの重量のうち、生地が占める割合が高くなるので、冬ほどダウンと化繊の重量差はなくなる。夏山では汗で濡れた服の上から羽織ることも多いので、ダウンではロフトダウン（かさが萎んでしまうこと）が起きやすい。雨に降られても保温力が落ちず、簡単に洗濯できる化繊が使いやすい。

ダウンジャケット

参考重量
250 g

インナーにも着られるダウンジャケットを一枚は持っておこう。
フード付きはより暖かく、なしだと軽量化にもつながる。

強風時の行動着として使えるように、シェルの下にも着られるタイトフィットのものが望ましい。

タイトフィットでも、腕の上げ下げの動きに影響がないものを選びたい。

保温性と軽さは優秀だが水に弱いリスクも

軽量化を考える場合、FP値は900〜1000FP、生地は7〜10デニールのものを選びたい。その上でジャケットの重さが250g程度のものを選べば、厳寒地を除く晩秋〜初春のシーズンに使用できる。これでは冬は寒いと思われるかもしれないが、雪山では幕営時以外は原則として立ち止まらないので、行動時に寒さを感じることはあまりない。ただし、強風時などはインナーとして使用することもあるので、ややタイトフィットなものが望ましい。

FP値が大きいほど水濡れに対して弱くなりやすい。水濡れには十分注意して使用したい。

ビレイパーカ

冬季のクライミングのビレイ用ダウンジャケットは、
行動せず留まっているときに使用するため保温力はかなり高い。

参考重量
600 g

ヘルメット対応の大きめのフード

クライミングに使用することを前提としているため、フードは大きなものが多い。購入する際は、ヘルメットを被った状態での動きやすさも確認したい。

ビレイパーカはシェルの上から着用することが多いので、ゆったりと大きめのものを選択したい。

軽量化のためにポケットが必要最小限の、生地が薄めのものを選びたい。ただし、多少の濡れが想定されるため、FP値は800FP以下に留めたい。

長時間停滞するときに使うビレイジャケット

ビレイパーカとは、冬季のクライミングの際、ビレイヤー(安全確保する人)が羽織る厚手の防寒着のこと。十分な保温力が求められるため、化繊の中綿では重くかさばりすぎてしまう。軽量化を考えた場合、中綿はダウンを選びたい。ただし多少の水濡れが想定されるため、FP値が大きいとロフトダウンの危険性が高くなる。700〜800FP程度が妥当だろう。

軽量化を考える場合は可能な限りポケットなどが少ないシンプルなものを選ぶ。冬季のクライミングの他、厳冬期の八ヶ岳や冬の北海道、海外の高所登山など厳寒地での登山にも使用できる。

メインで使うライトは、明るさがあり
電池の持ちがいいものの中から軽量なものを選ぶ。
サブはメインと同じ充電端子の超軽量なものを選ぶ。

ヘッドライト

軽量化したくても1個に絞らない

どんな登山でも絶対に持っていかなくてはいけない道具。山岳遭難事例でもヘッドライトがなくて身動きがとれない遭難がとても多い。仮に**日帰りで短時間の山行でも、足をくじいたり、道迷いだったり何かしらトラブルがあって日が暮れてしまうことがあるため、ヘッドライトは必ず持つようにしよう。**

光の明るさを示す数値としてルーメンという単位が使われる。山で使うヘッドライトで必要な明るさは最低で200ルーメンだ。ピンポイントで照らせる光の角度と、広く拡散して照らす光の角度があり、角度が広いとその分暗くなるが道を探しやすい。明るければ明るいほど、より長時間使えるものほど重量は重くなりがちだ。軽量化を考えた場合、闇雲に明るさを追求すればいいものでもない。バッテリー切れや壊れたときのためにサブのライトはより軽いものを携行しよう。モバイルバッテリーがあればと思うかもしれないが、実際は充電する時間がかかるため、やはりサブは持つ必要がある。

ヘッドライトの例

ヘッドライトは、明るさと重量のバランスが大切。
防水性が高く、バッテリー持続時間も長いものを選びたい。

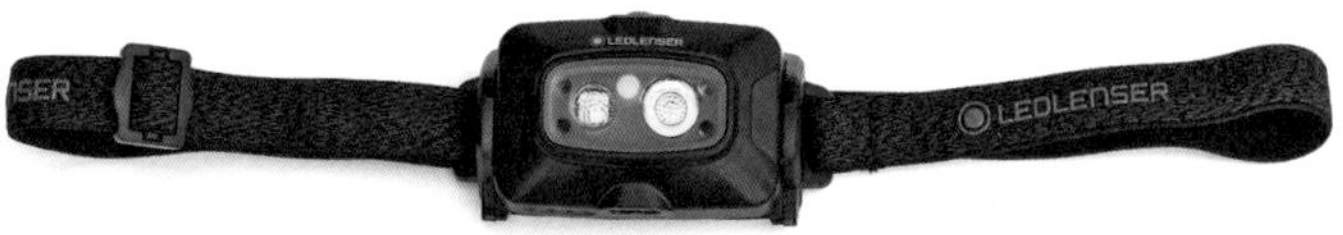

光にムラがないことも重要なポイント

メインライトは最低でも200ルーメン、ブースト(一番明るく、一番遠くまで照らせる調光)の数値が高いものを選ぶ。最大1000ルーメンなどがあるが、ある程度長時間使えるものを選ぶとバッテリーが大きくなる。500ルーメンもあれば十分だろう。

参考重量
70 g

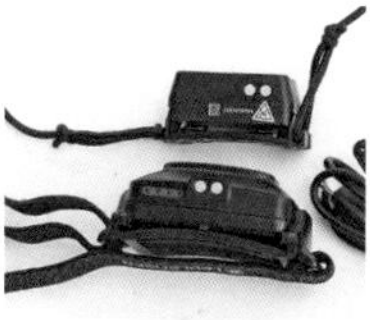

メインとサブのヘッドライトの充電端子は同じものにしておくと、無駄な充電ケーブルが増えない。

参考重量
35 g

サブライトは軽量のものをカスタマイズしてより軽量にする

充電端子がマグネット式のものは故障しにくく安心だ。このライトの場合は3段階調光ができるなど節電にも対応。本来は39gあるのだが、ベルトをバンジーコードに変更して軽量化している。

Check

モバイルバッテリーの軽量化

山行期間の長短にかかわらず、スマホやヘッドライトのためのモバイルバッテリーも備えておきたい。ただし大容量のものは重量もあるので、スマホを1～2回フル充電できる程度のものとしている。充電コードは不要と考え、直接つなげるタイプにし、必要であれば変換プラグを持つようにしている。

登山において欠かすことのできない水の携行。
水の重量は変えられないが、
携行方法を工夫すれば軽量化は十分可能だ。

ウォーターキャリー

水を失うのはとてもリスクが高い

水の携行は絶対に欠かせないことなので、ここを軽くすることが重要となるし、意外と軽くすることもできるジャンルだ。

登山用の水筒として普及しているナルゲンボトルだと、容量500㎖で90gほどある。例えばこれがペットボトルだと20g程度に抑えることができる。単純に約70g軽量化できる計算だ。水筒はバックパックのサイドポケットなどに入れることが多いと思うが、場合によっては回収不可能なところに落とすこともある。そのため、水入れは複数持っていき紛失リスクに備えたい。**水筒2本をペットボトルに替えれば約140gほど軽量化できることになる。**

歩行中の水分補給用とは別にメインで持っていく水は、ソフトパックに入れて持っていく。選択肢としてはこれが賢い。これもひとつで持っていくほうが軽量化できるが、失うリスクはあるので複数でもいい。運搬する水の量に応じて選択しよう。耐熱性のソフトパックはお湯を入れて湯たんぽにできる（P108）点でも優秀だ。

ソフトパック

水の携行方法はさまざまあるが、大容量を持っていく際に軽量化するならソフトパック一択となる。

参考重量

36 g

コンパクトに持ち運べる

容量2.5ℓもの水を入れられるソフトパック。水の入っていない状態であれば小さく丸めてコンパクトに持ち運ぶことも可能。湯たんぽにする他、70℃くらいにした湯を入れて、濡れた靴下など衣類に「お湯アイロン」として押し当てれば、乾かすこともできる。ある程度耐熱性のあるものを選ぼう。

商品によって耐熱温度が異なる。熱に弱い製品もあるので確認したい。

水を運ぶだけでない使用範囲の幅が魅力

行動中に補給する飲料用の水の携行方法はさまざまあるが、幕営時に調理などに使う水の場合なら軽量化の観点でもソフトパックしかあり得ない。ハイドレーションはほぼ同様の使い方もできるが、吸引チューブがある点で重量増となるので軽量化の点では選択しにくいアイテムといえる。

上記の通り、ソフトパックは湯たんぽにしたりアイロン代わりにしたりと、ただ水を運ぶだけではなく活躍できるシーンが多岐にわたる。小さく丸めることも折りたたむこともできる点でも、選ばない理由が見つからない。

ペットボトル

最も軽量でコストもかけずに水を運べるペットボトル。
その活用法を解説する。

参考重量
20 g

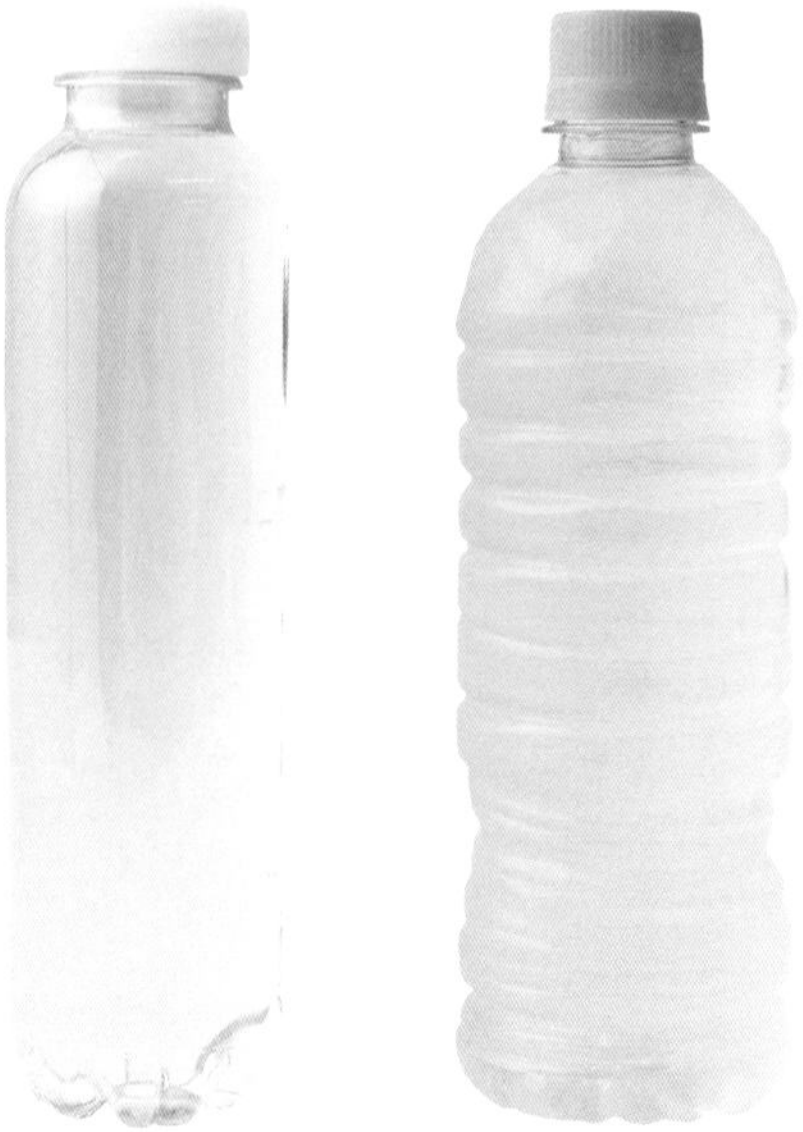

ラベルは外しておく。撮影用だからではなく、これも軽量化のひとつ。柔らかい形状で潰しやすいものであれば、使用後にコンパクトにすることも可能だ。

日本で売られているペットボトルは、おおよそ同じような直径をしているが、海外製にも目を向けると細めのタイプを見つけることもできる。

あらゆる面で勝るウォーターキャリー

歩行中の飲料水の携行方法はさまざまあるが、軽量化の観点で最終的に落ち着くのはペットボトルとなる。日本全国で入手可能な点はもちろんだが、重量的にも優れており、あらゆる面で優位だ。先にも述べた通り、水は小分けにして運搬すべきものであるため、総合的に考えてもペットボトル以上の選択肢はないといえる。

また、一般に普及していることから、多くの浄水器がペットボトルの飲み口の形状に合うように作られている。このようなメリットも含め、第一候補に挙げられるべき存在。何より低コストな点がありがたい。

Point 軽量化のポイント

合理性と軽量化の点で500mℓのボトルがおすすめ

市販のペットボトルにはさまざまな容量があるが、小分けにすべき登山シーンでは500mℓを複数持つのが正解。市販のペットボトルにも種類はあるが、なるべく軽いものを選ぶようにしよう。

失くすことのできない水の携行方法を確立

水筒はバックパックのサイドポケットに入れるのが一般的だが、ルートによってはしゃがんだり岩に張り付いたりと、必ずしも姿勢が安定しないのが登山。カラビナや細引きなどで確実にホールドし、失くさないという安心感を得られる携行方法を構築したい。

1 細引きと紐をホルダーにする

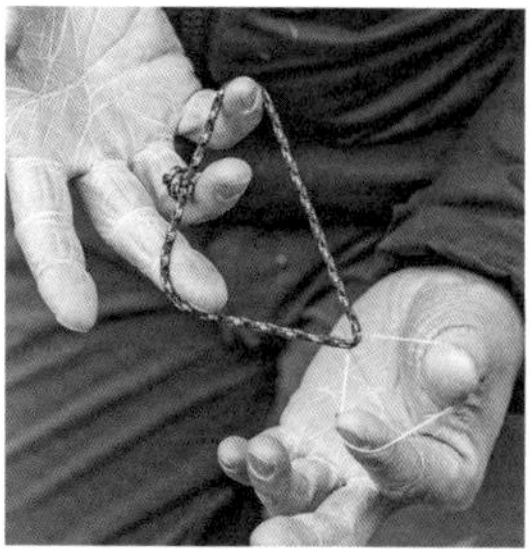

3mm×40cmの細引きと10cmのパラコードを分解した中の紐1本を使用。細引きと紐をそれぞれが輪の中に通るように結んで輪を作る。

2 クローブヒッチで輪を作る

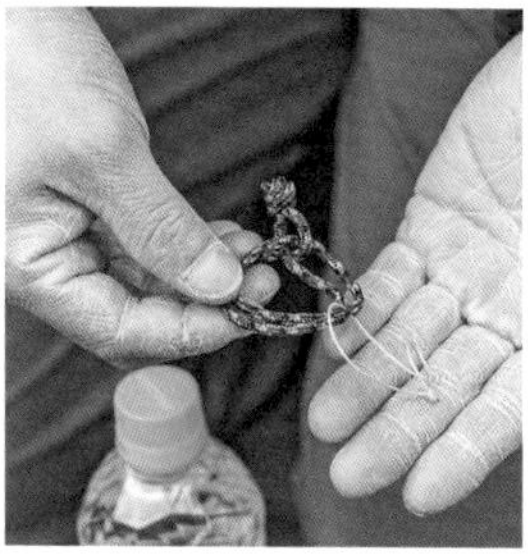

パラコードの紐が写真の位置になるように、細引きでクローブヒッチを作る。ペットボトルに輪を通して締める。紐を引けば結びが解ける。

魔法瓶

山行計画によっては、軽量化に寄与する魔法瓶。
どのように使って軽量化できるか、使用者の知恵が問われる。

参考重量

250 g

保温力に優れた魔法瓶も、山行計画によってはファーストチョイスになる。幕営も伴う計画では不要だが、日帰りなら選択肢になり得る。

カラビナホールのある軽量の魔法瓶が理想。ガイロープを使うなどして軽量化できる工夫を施そう。

使用シーンを想定して使い分ける必要がある

魔法瓶は決して軽いものではないし、マストのアイテムでもないため、必ずしも携行しなくてもいいものかもしれない。しかし、例えば日帰り登山でお昼にカップ麺を食べることを考えた場合、クッカーとストーブ（＋燃料）を持っていくなら、湯を入れた魔法瓶のほうが軽いと考える。

ただし、冬季だと話が変わってくる。ペットボトルやソフトパックでは水が凍ってしまう可能性がある。水筒として魔法瓶は重要な存在となるだろう。貴重な水分を失わないためにも、落下のリスクを考えてカラビナホールがついているものを選びたい。

浄水器

携行必須のアイテムではないが、
持っているだけで安心感が格段に増す。

参考重量
80 g

市販のペットボトルに装着して浄水することもできるタイプ。ウォーターキャリーがペットボトルだけでも安心。

超軽量でコンパクトながら、細菌や微粒子を除去できる浄水器。

水場の衛生問題を解決

水は可能な限り現地調達することで重量を大幅に減らすことができる。事前に水場の位置を把握し、枯れていないか最新の情報を得ておく。その上で、水場までに必要な量の水と予備の水を持っていくことで軽量化できる。そこで問題になるのが水場の衛生面だ。煮沸するのが一番だが、飲み水にするのに冷ます時間をかけるのは現実的ではない。そのため、浄水器の存在が重要になってくる。浄水器を通して、寄生虫、細菌、製品によってはウイルスも除去できる。浄水器があれば水場に限らず沢でも補給が可能となる。

シューズは背負う重量にはならないが、
疲労度には大きく影響してくる。
これはバックパックの3〜5倍も影響があるといわれている。

シューズ

シチュエーションに応じたシューズ選びが重要

シューズの軽量化については、単純に軽くすればいいというわけではない。**シューズは常に持ち上げて動かし続けるものなので、軽いほうが有利なのは間違いない**が、軽量化だけにとらわれずに自分の山行スタイルとマッチするかを考えてシューズ選びをしよう。

例えば軽くするためにトレランシューズを選ぶことについては、柔らかい土のルートでは非常にグリップ力が高くいい選択肢ではあるが、岩稜帯を歩く場合でいうと、いい選択とは言い難い。トレランシューズは走ることを前提に作られている特性上、ソールの細かいブロックで土を嚙むように工夫されていて、そのブロックが崩れないようにかなり硬く配合されたソールの素材を使用している。そのため、岩の上では非常にグリップが悪くなる弱点があるのだ。そのようなシチュエーションでは、軽量なアプローチシューズを選択すると安全性も高く、疲労度を軽減して行動することができる。経験に照らし合わせながら、行く山の環境を考慮してシューズを選択するといいだろう。

各種シューズ

どんな場面にも対応する万能なシューズは存在しない。
山の自然環境や天候、山行計画や目的に応じて、
可能な限り最適解となるシューズを選ぶようにしよう。

荷物が軽いときは
ローカットのシューズを使う

ローカットの利点は重量が軽いこと。足首の可動域が増えることでふくらはぎの疲労度が増すため、荷物が軽いときに選択しよう。

参考重量
290 g
（片足分）

参考重量
660 g
（片足分）

荷物の重量があるときは
ハイカットでソールが硬い靴

荷物の重量があるときは、ソールが硬いほうが足指に力が入りやすくなる。ハイカットだとふくらはぎの負担が減り、疲れにくくなる。

滑りやすい岩には
地下足袋もおすすめ

ソールがとても薄く、靴自体も柔らかい素材で作られているため、中足骨まで可動させることができ設置面積を最大化できる。足裏感覚にも優れ、わずかな滑りも感じられるようになる。

参考重量
270 g
（片足分）

COLUMN　地下足袋を選ぶメリット

前ページでシューズ選びは行く山の環境を考慮して選ぶことが重要だと述べたが、軽量化が進みバックパックが全体的に軽くなってきたら、ぜひ地下足袋にトライしてもらいたい。地下足袋で登山すると、一歩一歩足裏でその地の環境、状況を把握しながら、どのように足を踏み出すべきかを把握できるようになり、それが結果的に登山におけるリスクを減らすことにつながるからだ。

装備が重たい場合は、ふくらはぎや足裏の疲労を軽減するために足首までを固定できてソールが硬いハイカットのシューズであることが望ましい。しかし、ハイカットのシューズはソールが硬いので丸い石の多い渓では地面との接地面が少なくなり滑りやすいデメリットがある。荷物が軽くなれば足首を固定するハイカットのシューズでなくても、ふくらはぎに負担をかけずに歩くことができる。特にソールが柔らかい地下足袋では地面との接地面が増えて、地面が滑りやすいか感知しやすくなり、スリップなどのトラブルを減らすことができるのだ。

ただし地下足袋は雪の上、ぬかるみの上などでは滑りやすい傾向にあるので注意したい。私はラバーソールの沢足袋を使用している。濡れた岩でもグリップするし、チェーンアイゼンなどを組み合わせれば雪やぬかるみにも対応できる。

PART

4

幕営装備の軽量化

山で幕営できる備えがあることは、
長期の山行ではもちろん、日帰り登山だとしても
遭難した際にビバークが可能になる。
これらの装備は重量がかさみがちなので、ぜひ軽量化に臨みたい。

山での快適かつ堅牢で安全な寝床は山小屋だが、
より自然を楽しめる幕営は、何ものにも代え難い魅力がある。
受け入れられる範囲の不便さを楽しみ、軽さを追求しよう。

シェルター

日帰り登山でもビバーク装備は持つべき

風雨から身を守り、寝床となるシェルターは、泊まりでの登山に欠かすことのできない、とても重要な装備だ。そして道具の選択によって大きく軽量化できるポイントでもある。

シェルターは水と虫が入り込みにくく、風雪で潰されず、設営しやすいものが望ましい。しかしこれらを高いレベルで実現しようとすればするほど重くなっていく。**使用状況をよく考え、一部の機能を妥協することで、より軽いシェルターを選択できる。**

また、軽量なシェルターを選択し、常に持ち歩くことで安全性は大きく高まる。日帰りでも常にビバーク（不時泊）ギアは持つべきであり、不意の出来事があっても山で夜を過ごせる安心感を得られる。軽量化とは単に楽に山に登るための手段ではなく、いかなるときも安全を担保する手段でもある。軽量なシェルターの選択は、その大きな一手となる。山での幕営は自然に最も近づく手段だが、同時に最も安全に近づく方法でもある。

雨水の問題

シェルターの最も重要な役割は、雨風から身を守ることだ。雨に濡れたままだと体温が奪われ、低体温症のリスクが高まってしまう。雨水の問題をほぼ完璧に解決できるのはドーム型テント（P86）だ。フロアもあるのでテント内への水の侵入を防ぐことができる。ただし室内の結露には注意したい。

泥の問題

雨が降っていると幕営地の環境次第では地面が泥だらけのぬかるみになっていることがある。雨でなくても、昼夜の気温差で朝に霜が降り、それが溶けることでも地面はぬかるんでしまう。泥の問題に対してはフロアのあるドーム型テントや地面の影響を受けにくいハンモック（P94）に優位性があるだろう。

虫の問題

春夏の幕営時、虫の問題は軽視できない。シェルター内に虫が侵入してしまうと、安心して眠ることができず、十分な睡眠が得られなければ体力回復もままならない。メッシュ面の多いテントであれば風は通しつつ虫の侵入を防げる。メッシュ素材は軽量でもあるため、フロアレスシェルター（P96）やハンモックでも容易に対策できる。

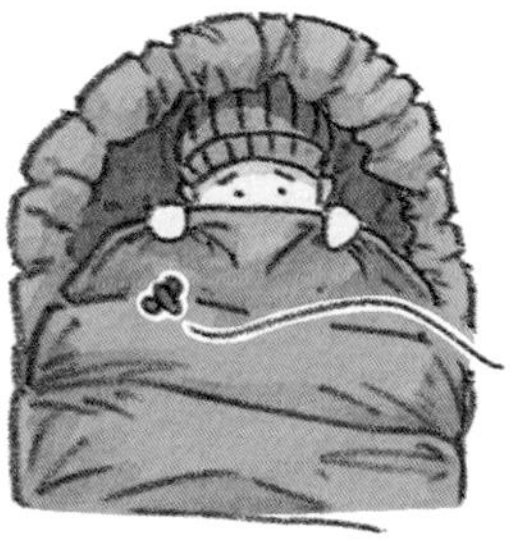

ドーム型テント

本書で紹介するシェルターとしては重量のある選択肢だが、安心、安全、快適な幕営を約束してくれる。

参考重量

540 g

軽量を意識したテントは生地が薄いため、重量の節約になる。

専用フレームの存在が他のシェルターとの決定的な違いだが、これが快適性と設営のしやすさを向上させている。

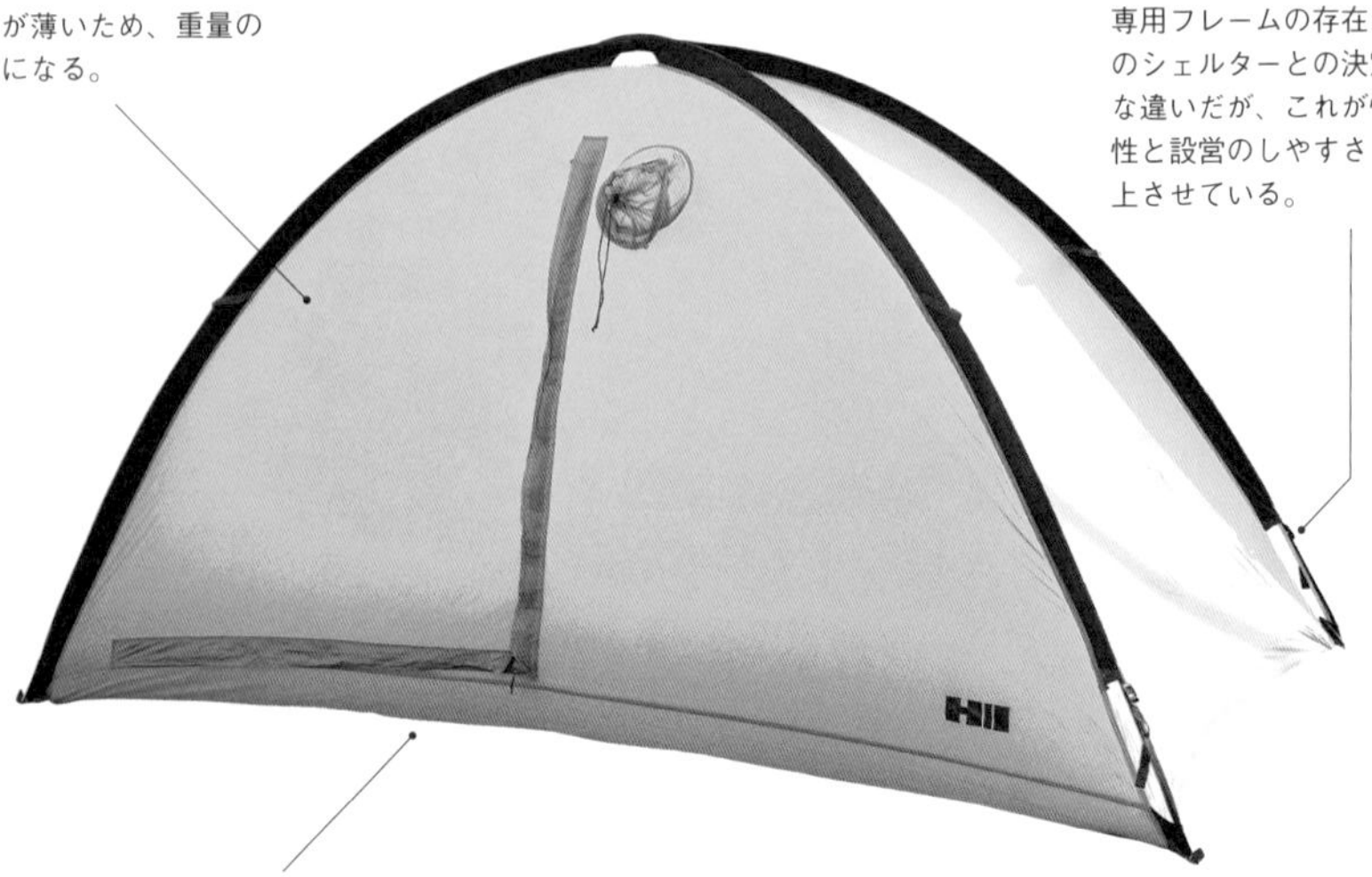

シングルウォールテントならフライシートがない分、軽量になる。

多くの人に選ばれる最も無難な選択肢

現代におけるシェルターの最もスタンダードな選択がドーム型テントだ。大部分が自立するタイプなので、**設営の手間が少ないというメリットがある。また形状的に風を受け流しやすく、耐久性があるのもメリットだ。**

ドーム型テントの多くは床面がバスタブ型に折り返されており、四隅の縫い目さえ防水してあれば実質的な水の侵入経路がない。これにより高い防水性が確保されている。また入り口がファスナーで閉められることで密閉性が高く、虫の侵入も防げる。

しかし密閉性の高さゆえ結露はしやすい。フライシートのあるダ

Point 快適性を向上する

土間部分があると便利

テントの仕様によるが、前室(土間)ができるタイプは汚れた靴を置くなど室内に水や汚れを持ち込まずに済む。

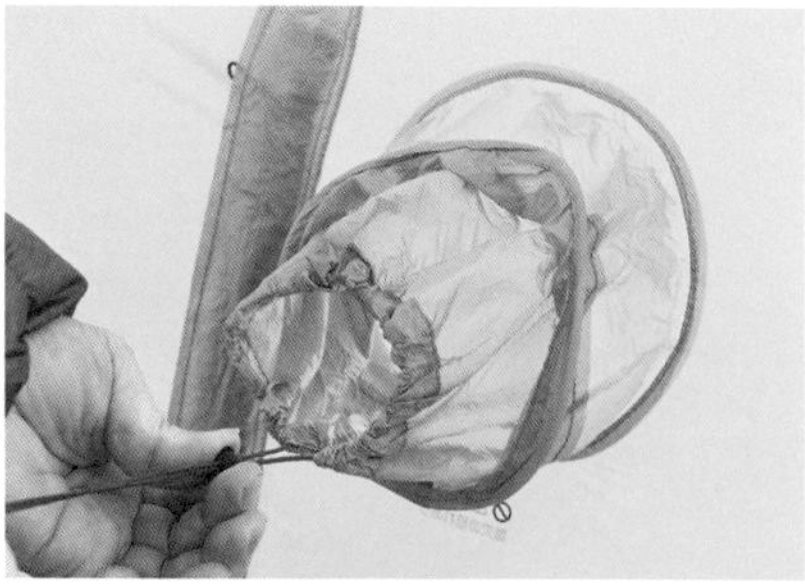

シングルウォールは換気が必須

内壁が結露するので、ベンチレーター(換気孔)は重要。また、雨が降ったらベンチレーターの細引きは室内に入れると雨水が伝ってくるので外に出そう。

Check

重量だけでなく大きさもある

写真右のツェルト(P88)と比較すると重量差は倍にもなるドーム型テント。特に、テントを張ることにしか使わない専用ポールがあるため、重量だけでなくかさばってしまう点もデメリットだ。これを収めるためには収納するためのバックパックも大きくなってしまう。かさも意識して検討したい。

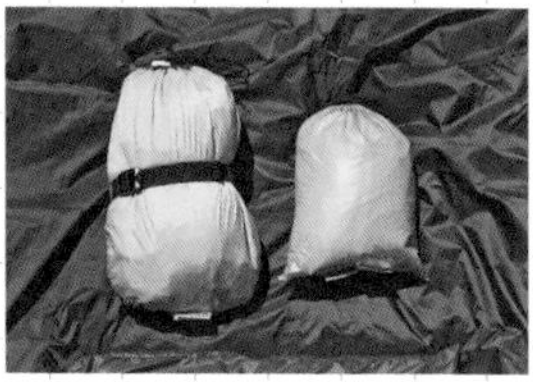

ブルウォールテントなら結露もしにくいのだが、軽量化を優先させるなら本体のみのシングルウォールテントを選ぶべきだろう。

デメリットとしては重いこと。専用ポールが必要なため、その分の重量が他のシェルターに比べて不利になる。

重量としては最軽量なもので550g前後から。数字で見ると他のシェルターより重くなる。ただ他のシェルターの場合には、虫対策にメッシュのネットを用意したり、床からの水の侵入を防ぐためにグランドシートが必要だったりと、シェルター以外の追加装備がシーズンによっては加算される。オールインパッケージでの重量で見ると実はそれほど大きな差はなかったりもする。

ツェルト

ポールがなく、シンプルな作りでとても軽量なツェルト。
使い勝手も立て方次第で工夫ができる。

参考重量
230 g

緊急時に被って使うことを想定しているため、底割れになっている。そのため虫や水に対するプロテクション性能は低い。

実は選択肢の第一候補補的な存在

ツェルトとは日本の山岳シーンで古くから使われているA型テントで、緊急のビバークを想定して使われる小型シェルターだ。本来は緊急用シェルターとして使用されるものなので、内部は必要最低限の空間しかなく狭さを感じる。また空間が狭いだけに内外温度差が大きく、人の発汗や呼気などの水分を受け入れるスペースも小さいことから、激しく結露するといった欠点がある。

しかし、空間が狭いということは、内部の温度を温めやすいということでもあり、**コンパクトに作られているので重量的(ポールがないことも含め)に圧倒的に軽いとい**

Point 快適に過ごす工夫

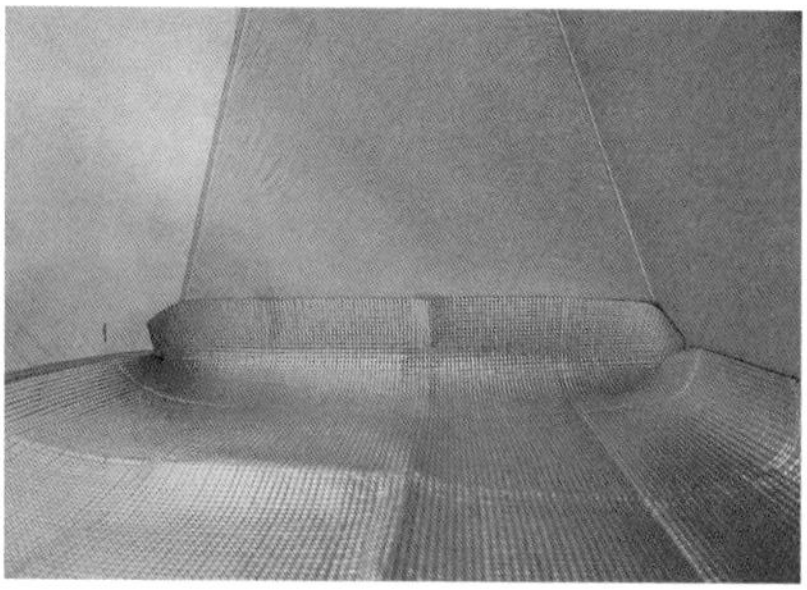

奥の頭に当たる部分は折りたたむ

テントシートを敷き、頭に当たる部分を折り返すことで、隙間から入る風の侵入を防ぐことができる。これで地面を這う虫の侵入も防げる。

ファスナーを途中まで開ける

入り口付近のシートを折り畳み、土間のエリアを作る。ファスナーを途中まで開ければ換気をしながら調理をすることもできる。

Check

トレッキングポールの活用

立木がある場所ならロープを使ってツェルトを張ることができるが、それらの条件が備わっていないようならトレッキングポールや木の枝を使って設営する。ツェルトを設営したときの高さよりも長い棒を使う必要があり、例えばツェルトの高さが1mならトレッキングポールは1m20cmなど長めにする。

うメリットもある。また、現在では透湿性のある生地が使用される製品も多くなり、結露の問題はだいぶ軽減されてきた。一部の製品では生地にダイニーマの補強線が入り、かなりの強度を持つものもある。

これらの特性から、日本では古くからアルパインクライマーたちに選択され、最も厳しい環境で幕営具として使われてきた実績がある。紐《ひも》合わせの床からの水の侵入対策、地面を這《は》う虫の侵入対策などの課題はあるが、工夫次第であらゆる山岳シーンで使用できる信頼のおけるシェルターなのだ。快適性を求めず、安全性と軽量性を重視するならばツェルトが選択肢の第一候補となってもおかしくない。

タープ

参考重量

400 g

床面積が大きく、数名で使えばひとり当たりは最軽量となる。
設営方法次第では、密閉した空間も作れる。

立木のある環境であればロープを張ることで、ポールなどがなくても設営することができる。

自由度の高さがロマンでもある

タープはただの一枚生地だが、だからこそ、無限の可能性があるシェルターとなり得る。人類において最も古くから使われてきたシェルターで、雨を避ける屋根を作ることができる。日本の山岳シーンでは主に沢登りで使用される道具で、**重量対床面積が他のシェルターと比較して最も大きく、広い居住空間を確保した上での軽量化を考えた場合、優位性が高い道具となる。**

しかし屋根として使う場合は雨以外に対する防御性が低く、這う虫はもちろん、飛ぶ虫に対しても無防備。風の影響はもろに受け、保温性もほぼない。タープ単体で

Point　タープの主な用途

タープの下で寝る

タープの下に直にマットを敷いて寝袋やそのままで寝るスタイル。当然ながら結露はしないので不快感はないが、タープの下で寝られる季節は虫がいる時期でもあるので虫対策が必要になる。

ハンモックの上にタープを張る

斜面や増水の恐れがある場合の川のそばなど、ハンモックで寝る場合にタープを使うと夜露や雨などの濡れからハンモックを守ってくれる。実はこの組み合わせは雨に対してとても強い。

使用できるシチュエーションは限られるだろう。

　タープを折り紙のごとく考えて設営することで、密閉されたフロアレスシェルターとしても使用することができる（P92）。この場合はそれなりに高い防御性が望めるが、狭くなるので就寝できる人数は減る。

　快適性や保温性、何より安心感ではドーム型テントやツェルトには劣ってしまうが、タープの最大の魅力はその自由度の高さ。ハンモック（P94）やビビィサック（P97）と組み合わせることで、快適な幕営も可能となる。一枚の布を状況に合わせて使いこなすロマンに惹かれるのであれば、有力な候補となるだろう。

Point ピラミッド張り

1

ペグダウンをする

タープを地面に敷いて、1辺の両端の2カ所にペグダウンする。また、支柱のためにトレッキングポールか長い枝を用意しておく。

2

ペグダウンしていない端を寄せ三角形にする

ペグダウンをしていない辺の両端を寄せ、合わせる。このとき、立ち上げたときに片側を開けて前室を作る場合は、あらかじめ細引きがついたペグを用意しておき、ペグダウンする。

3

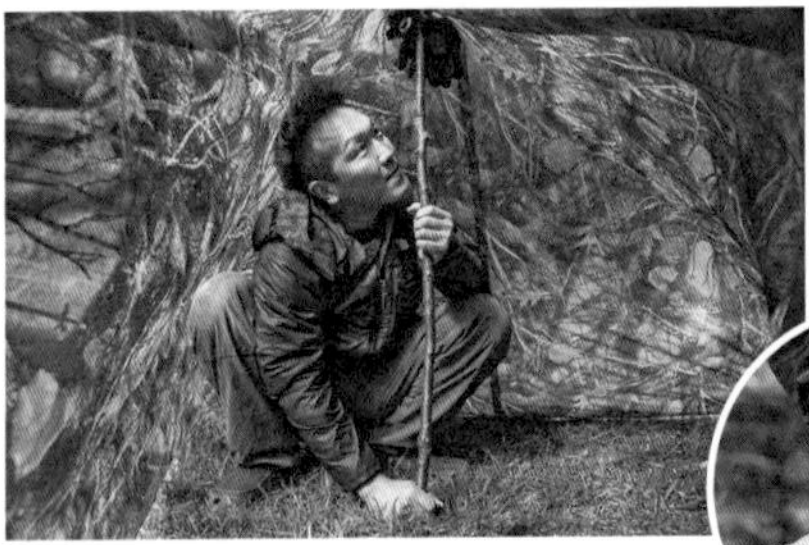

支柱を用意する

三角形に折った中に入り込み、支柱を立てる。タープが破れる可能性があるため、支柱の頂点に当たる部分のタープと支柱の間にグローブなどをかませて幕を保護しよう。

4

バランスを整える

支柱をちょうどいい高さにできたら中心にくるようにし、タープの幕の張り具合などが均一になるように整える。支柱が中心になるように整え、2で用意した細引きのついたペグの位置を調節して出入りする。

Point ロープを使ったAフレーム型（クローズスタイル）の張り方

トレッキングポールを使う場合は、先にペグダウンをしてから左右に支柱として支えて、そこからガイラインで調整しよう。
①
②
④
⑤

基本のAフレーム型をクローズさせる

①適当な間隔の立木に、胸の高さほどのロープを張る。②プルージックノットなどロープを引っ張ると停止する結び方でカラビナとタープの中央に位置する部分（グロメット/穴）や環がある部分とロープをつなげる。③タープの片方の辺をペグダウンして地面に止める。クローズさせるために角からふたつ目のグロメットや環にペグダウンする。④タープの角をそれぞれ扉を閉めるようにクローズしてペグダウンする。一度閉じてみて、完全に閉じるように高さを調整する。⑤高さを確定できたら、もうひとつの辺も同じようにペグダウンする。

ビバーク時に使う

短辺側を閉じるのでスペースは狭くなるが、2名が座ってビバークするには十分。

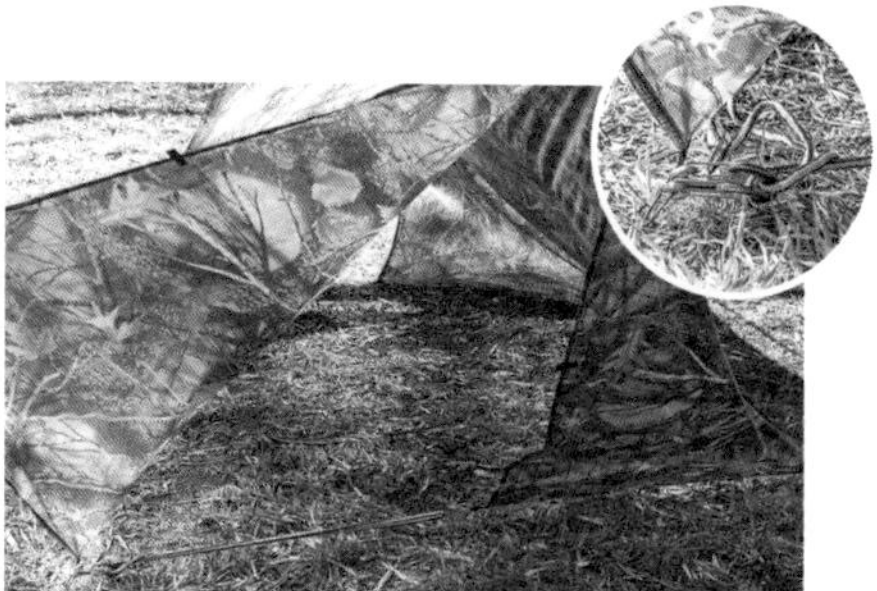

スリングで張り合う

出入り口になる面の下の辺は、スリングを使って左右に引っ張ることで幕にテンションをかける。

ハンモック

参考重量
150 g

立木がないと設営できないのがハンモックの弱点だが、
立木さえあれば斜面でも下が濡れていてもどこでも幕営できる。

地面から浮いていることで、地面がぬかるんでぐちゃぐちゃだとしてもシェルター自体は汚れない。また、マダニやヤマビル、ムカデなどの這う虫を避けられる。

山行スタイル次第では優位性が高い

日本の土地は大部分が自然地であり、75％が山地だ。しかも森林限界を超えた場所は1％もない。日本の山はその多くが樹林帯なのだ。

ハンモックはしっかりした立木さえあればどこでも快適な睡眠を得られるシェルターだ。**どんな急峻な斜面でも、ハンモックを吊るせる環境であれば、実に快適な宿泊環境を作れる。**幕営適地となる選択が増えるのは、とても大きな安心感がある。

ただし、ハンモックは基本的にそれ単体で使用できるものではなく、タープや蚊帳などと組み合わせて使う道具となる。そのため、

Point 快適性を向上する

蚊帳を使えば最強の防虫対策

ハンモックの防虫対策は専用の蚊帳を使う。ハンモック全体を覆うので、虫の侵入経路は一切ない。虫に対しては最も安心な選択である。

背中側の保温対策

背中側はハンモックの生地に衣類まで押しつぶされ、全く保温力がなくなる。これが本当に寒い。アンダーキルトは必須の道具となる(P111)。

Check

チェアにもなる

ハンモックのいいところは設営したあと腰掛けにもなること。バックパックなどは木にぶら下げておくと便利だ。夜間に物を取り出しやすいよう、就寝時はハンモックをバックパックを吊るした木のほうに近づけておくと物を取り出しやすくて便利。また、タープを張れば夜間に雨が降っても安心だ。

合計重量は600~800g程度となり、軽量化の面では有利とは言い切れない。また日本のテント場では樹木がないケースも多く、トレッキングなどでは使いにくい道具かもしれない。

沢登りや藪山登山など、およそ安定した地形を得にくい環境で使用するのがいいだろう。使用シーンは限定されるが、私はハンモックで眠る機会が最も多い。よく防寒の面で不安視されることがあるが、ハンモック専用の寝具との組み合わせ(P110)により、他のシェルターよりも暖かさを確保しやすい。何より寝心地が素晴らしい。山行スタイルによっては優位性の高い選択と言える。

フロアレスシェルター

床がないことによる自由度の高さが魅力。
靴を履いたまま出入りし、地面があるから調理も行いやすい。

参考重量

360 g

いわゆるピラミッド型のフロアレスシェルター。半面には追加パーツのフロアと虫対策の蚊帳を設置している。

写真提供：LITE WAY

床がない＝室内でできることが多い

床がない屋根だけのシェルターで、トレッキングポールなどを支柱にして設営する。床がないメリットは単に軽量化だけでなく、例えば雨の日にシェルター内部でほとんどの準備を終わらせることができたり、余った水をそのまま中で捨てられたり、**しっかり換気しながらであれば中で煮炊きをしやすかったりという利点もある。**一方でシェルターとは別にグランドシートが必要であったり、虫が多い時期であれば防虫ネットが必要であったりと、いろいろ持つと結局軽量なドーム型テントとあまり重量に差がない。また設営に慣れるまでは少し手間に感じるだろう。

ビビィサック

人ひとり分のスペースを見つけるだけなので、
いかなる場所でも泊まるのに困らない。

参考重量
200 g

シュラフカバーをビビィサックとして使う場合、顔の上には傘やレインジャケットなどで水を防ぐ。タープを併用してもいい。荷物はゴミ袋に入れるなどして防水対策を施す。

このタイプは顔の上部分にくる半円上のポールでスペースを作っている。メッシュを備えているものもある。

人ひとり分のサイズのため、中に荷物を置くためのスペースはない。バックパックは足の下に敷き、中身を体と平行に並べる、など工夫が必要。

写真提供：アウトドアリサーチ

どんな環境でも泊まる場所が見つかる

ビビィサックとは寝袋を覆うタイプのシェルターのこと。人ひとりが横になれる場所を探せばいいので、およそどこでも泊まることが可能だ。この強みもあってか、海外の多くのクライマーがビバークギアにビビィサックを採用している。ただし、周辺に空間による空気の層が存在しないため、保温力は低い。その分寝袋の厚さが求められるため、重量の優位性は高くないが、**日本メーカーのシュラフカバーは優秀なので、これをビビィサックとして使うと軽量化できる**。顔の部分が覆われていないが、傘などを使用して濡れを防げば問題ない。

ペグ

参考重量

6 g/1本

シェルター設営時に複数本必要になるペグ。
選択によっては数十グラムの軽量化を図れる。

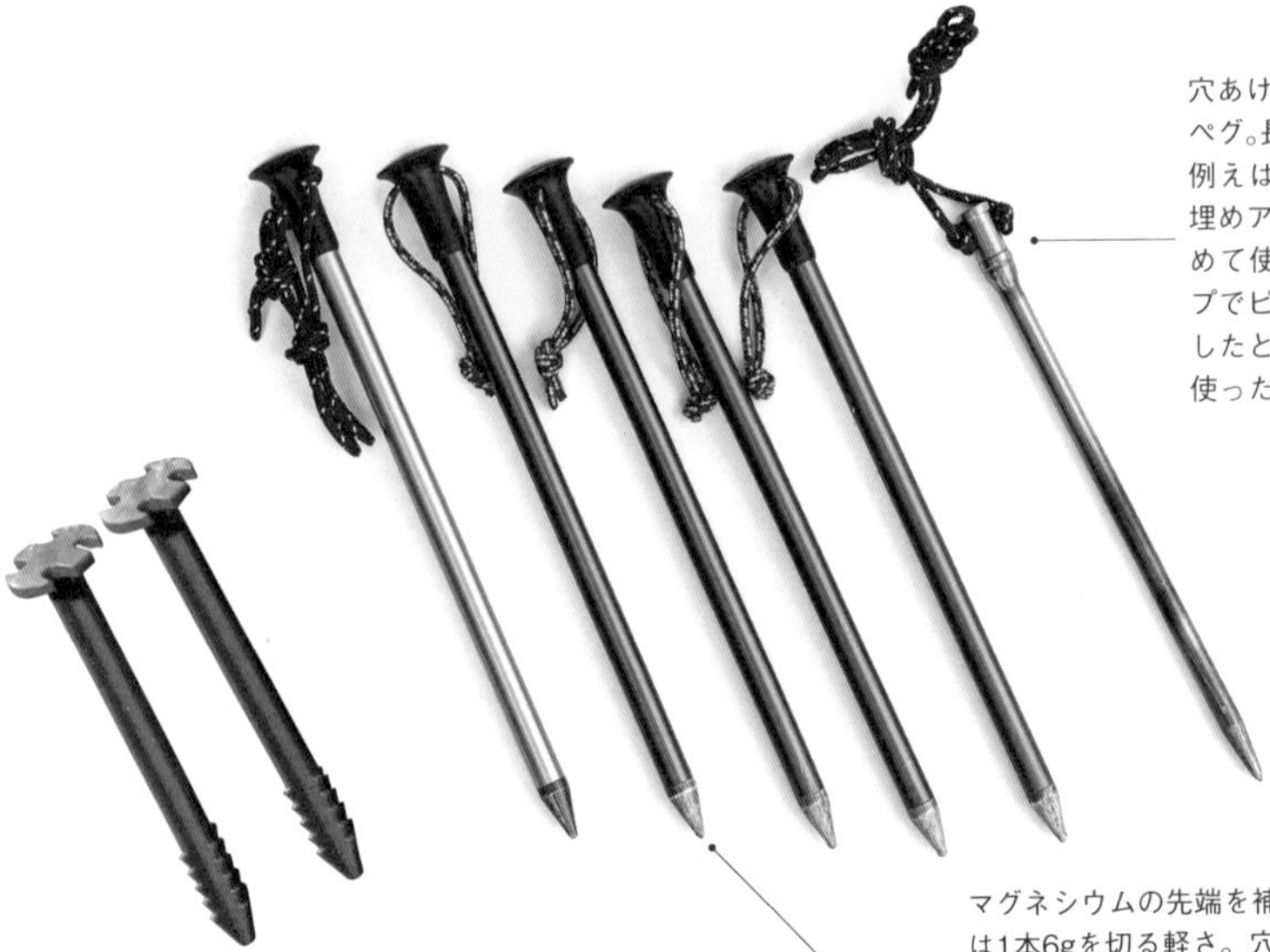

穴あけ用のチタン製のペグ。長めの細引きは、例えば、雪や砂地で横埋めアンカーとして埋めて使用したり、タープでピラミッド張りをしたときに出入り口で使ったりするため。

マグネシウムの先端を補強しているペグは1本6gを切る軽さ。穴あけ用に強度が高いチタン製のペグを1本用意し、ペグダウンする場所に穴を開けてから使うとシャフトが折れず長持ちする。

強化プラスチックでできたペグで、金属製に比べて強度は劣るが、より軽いのが特徴。

軽量化の優先順位は決して高くない

ペグとガイラインも道具選びの方針次第で軽量化を進められるポイントだ。

例えば一般的なアルミのVペグは12g程度だが、軽量なマグネシウムペグであればその重量は6g未満。実に半分の重量となる。10本あれば60gの軽量化となる。

またガイラインも、3㎜のナイロンアクセサリーコードから、1.3㎜程度のダイニーマ製のアクセサリーコードにすることで軽量化することができる。ただし大きく軽量化が狙えるバックパックやシェルター、寝具、調理器具などと比べるとわずかな軽量化にしかならない。

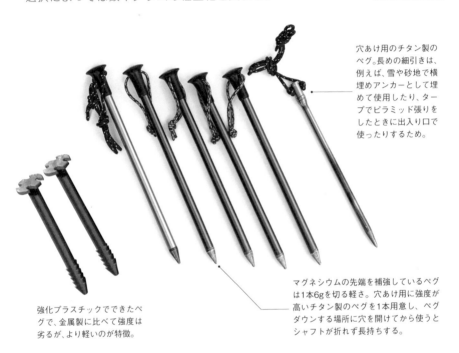

ガイライン

参考重量

1g/m

ガイラインは細くすれば当然軽くなる。
安全性を担保した上で、
扱いやすい太さや長さを決めよう。

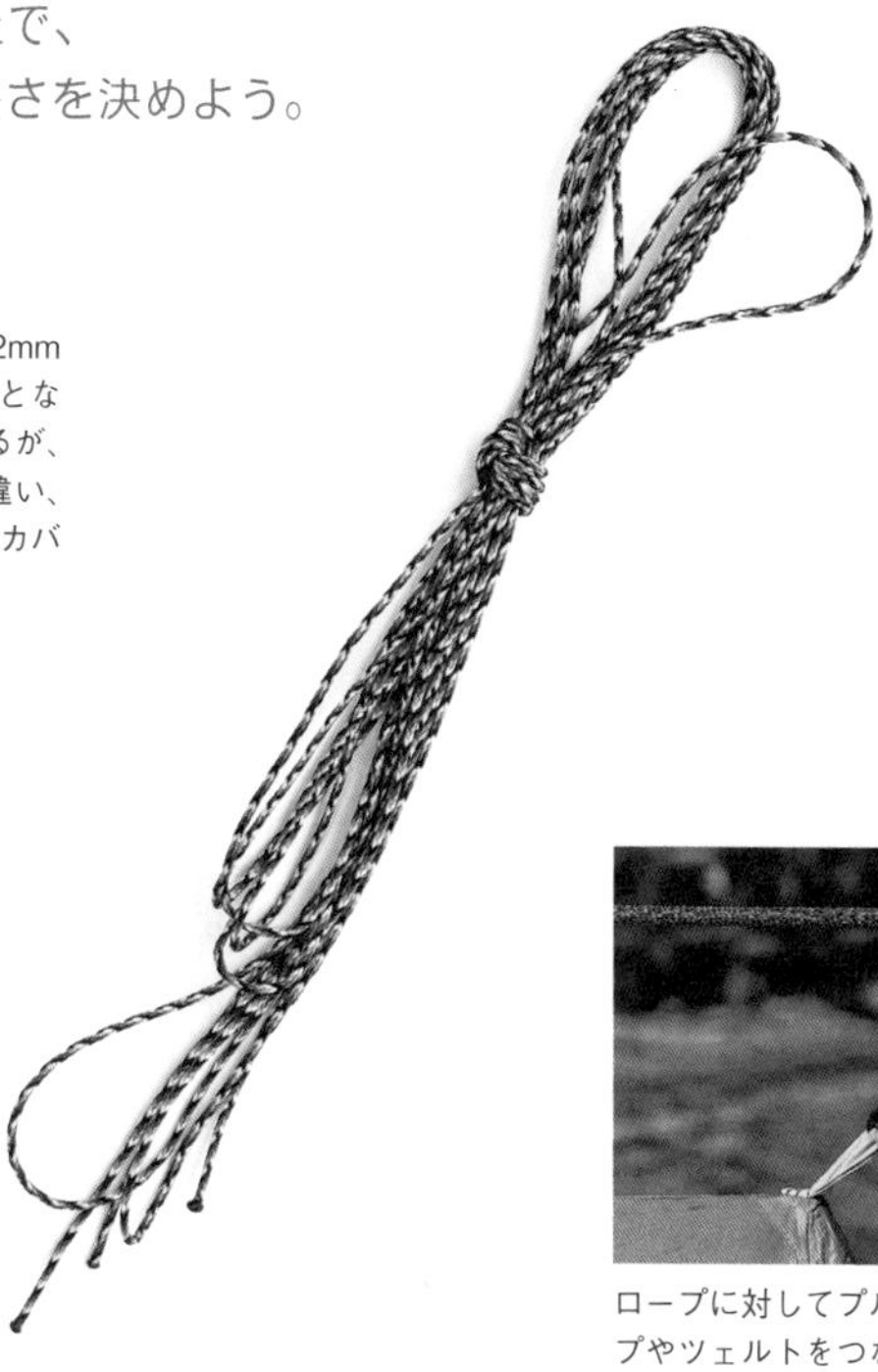

一般的に軽量化する場合は2mm径、1.18mm径などが選択肢となる。細くなるほど強度が落ちるが、用途やシチュエーションの違い、自身のロープワークの能力でカバーすることができる。

ロープに対してプルージックノットでタープやツェルトをつなげるのにも役立つ。

最終的にはこの**数十グラムの軽量化をあらゆる箇所で実施することで、合計で数百グラム、時には1kgを超える軽量化につながる**のだが、ペグやガイラインなどは最終的な詰めの段階で実施するべき軽量化ポイントだ。

　軽量化の基本はまず不要なものを持たないこと。必要なものは全て持ち、不要なものは何ひとつ持たないことが理想。その上で、既存の装備を安全確保の範疇で可能な限り軽量なものに買い替えていく作業を行う。これにはお金がかかるので、まずは投資対効果の高いものから始めるべきだろう。ペグとガイラインも最終的には見直すべきだが、軽量化の順番としては大きく削れるところから実施するといいだろう。

グランドシート

濡れや汚れからテントを保護するグランドシート。
軽量にするならゴミ袋を利用するのも手だ。

参考重量
30 g

ドーム型テントとほぼ同じフロア面積のグランドシート。専用のものだと3,000〜5,000円ほどするのが一般的。

工夫次第ではコストもかからない

フロアレスシェルターやツェルト、タープをシェルターに選択するのであれば、グランドシートは欲しいところ。どのようなグランドシートを持つかも軽量化を考える上では重要だ。ナイロン製のグランドシートの場合、200g前後の重量となる。これは決して軽くない重量だ。そこでおすすめなのがゴミ袋を加工したグランドシートだ。90Lのゴミ袋の両サイドをハサミで切ることで、180×90㎝程度の長方形の一枚のビニールシートになる。0.03㎜程度のかなり厚手のゴミ袋を使用しても45g程度。**人が寝るのに必要な60㎝程度の幅にした場合、その重量**

Point 軽量化のポイント

90Lのゴミ袋を使う

長い辺をカットして広げて使うと幅90㎝、長さ180㎝のグランドシートになる。

グランドシートは多目的に使える

グランドシートはテントの下に敷くだけでなく、休憩時にレジャーシート的に使ったり、撤収時の一時荷物置きにできたり、何かと便利だ。

Check

どうせ汚れるものだから捨てていいものを

昨今では継続して道具を使うことを推奨しているが、登山は命をかけるアクティビティだ。重い物を背負って山を歩くよりも、無理をせずゴミ袋を使って軽さを優先し、汚れたら捨ててしまうのもアリ。ゴミ袋を加工したグランドシートをまとめるときは、シンプルに輪ゴムでまとめている。

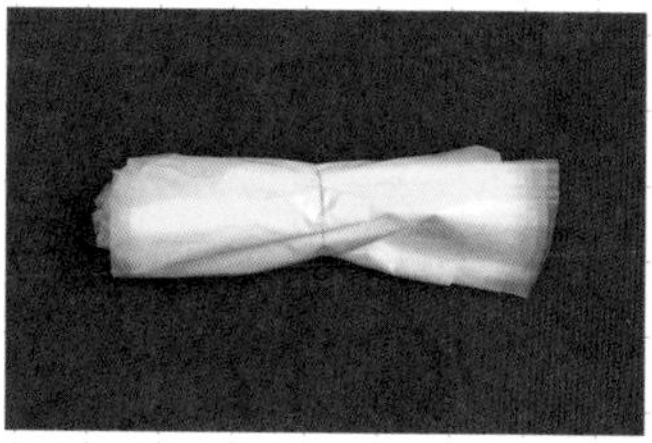

は30g程度まで減らせる。これはかなりの軽量化！またエマージェンシーシートをグランドシートに使えば、その重量はおおよそ65g。215×135㎝程度の大きさになるので、タープなどで使えばかなり広々と快適に使える。

私はテントマットを200×80㎝程度にカットしたものを、サブマット兼グランドシートとして、ツェルトの内側に敷いて使っている。これで重量的には130g程度になるが、床面の浸水対策になりつつ、寒いときには折り畳んで厚さを増すことでスリーピングマットのブーストとしても役立つ。工夫次第であまりお金をかけずに大きく軽量化できるポイントなので、ぜひ工夫してみよう。

シュラフ（寝袋）の軽量化は、単体で考えるのではなく、
ダウンジャケットやレインウェアなどを組み合わせて、
システムとして構築して軽量化を図る。

シュラフ

衣類を最大限着込んで眠る

山岳遭難死亡事故の大きな要因となっている低体温症から身を守るためには、防寒装備は妥協すべきではない。軽量化を求めすぎて、体感的に寒さを感じるほどに装備を削るのは危険だ。また、万が一の事故に備えた防寒対策としては、**仮に日帰りでも寝袋を携行するのが望ましく、その上で、苦に感じないくらい軽い装備構成にするべき**。

そこで衣類を全て着込んだ状態で適温となるよう、システムとして寝具を考えよう。例えばダウンジャケットなどの防寒着はどんな登山でも必ず持つべき装備だし、レインウェアなどの雨具も持っているはず。万が一の濡れ対策に乾いたインナーウェア（着替え）もあるはずだ。これらを全て着込んで寝袋に入ることで、寝袋のボリュームをワンランク下げることができる。ただし、注意したいのが、寝るときの重ね着をするために衣類を増やさないこと。その重量分、寝袋の中綿量を増やしたほうが確実に暖かい。あくまで、安全に登山を行う上で持つべき装備の中で重ね着をし、それに組み合わせる寝袋を選ぶこと。

Point 軽量化のポイント

ダウンジャケットやレインウェアを全て着込んで寝袋に入ることで保温力は高められる。ただし、ダウンパンツなど寝るときだけに使うような衣類は増やさないこと。

Check

睡眠時の最大の敵は"濡れ"

濡れている衣類は可能な限り寝袋には入れないようにしよう。例えばレインウェアをダウンジャケットの上から着て寝袋に入れば、寝返りなどに伴って発生する内部空気の対流による急激な温度変化で、眠りが浅くなることを防げる。だからといって雨で濡れた状態のものを着て寝れば、体温で温められて気化した水分が寝袋の外側の生地のすぐ内側で結露し、中綿であるダウンのロフトダウン(潰れてしまうこと)が起きてしまう。当然保温力は低下するので注意しよう。

トップキルト

本来であればハンモックに使用する掛け布団。
寝袋の背中側は潰れてしまうので、不要だという考え。

参考重量
400 g

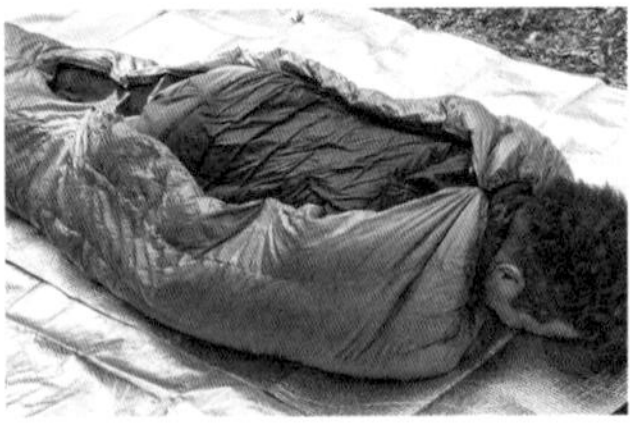

背面が空いている構造になっている。

同じ保温力のマミー型に比べ、およそ半分の重量に収まる。

寝袋は余裕を持って季節ごとに選択する

防寒の要となる寝袋は、余裕を持った選択をしたい。しかしその素材や形状次第では大きく軽量化できるポイントでもある。無雪期の３シーズンであれば、ハンモック用のトップキルトがおすすめ。背中の部分がなく、フードもない。これにより、例えばコンフォート（快適温度）で０℃前後まで使える寝袋を選択するとき、**一般的なマミー型の寝袋が７５０ｇ前後であるのに対し、ハンモック用トップキルトであれば４００ｇ前後となる。**同時に背中とフードの部分の生地と中綿（ダウン）、ファスナーがなくなったことによる収納のコンパクトさも、軽量化と行動時の重心バランスの向上などにつながっている。

しかし寝返りなどで隙間ができやすく、

マミー型

寒い時期には全身を覆うマミー型を選ぶ。
気温に合わせた使い方も覚えておこう。

参考重量

900 g

コンティニュアスバッフル構造の寝袋は、片側を持って中綿を重力で寄せたり、手で中綿を寄せたりして、前面部分に中綿を集中させることができる。

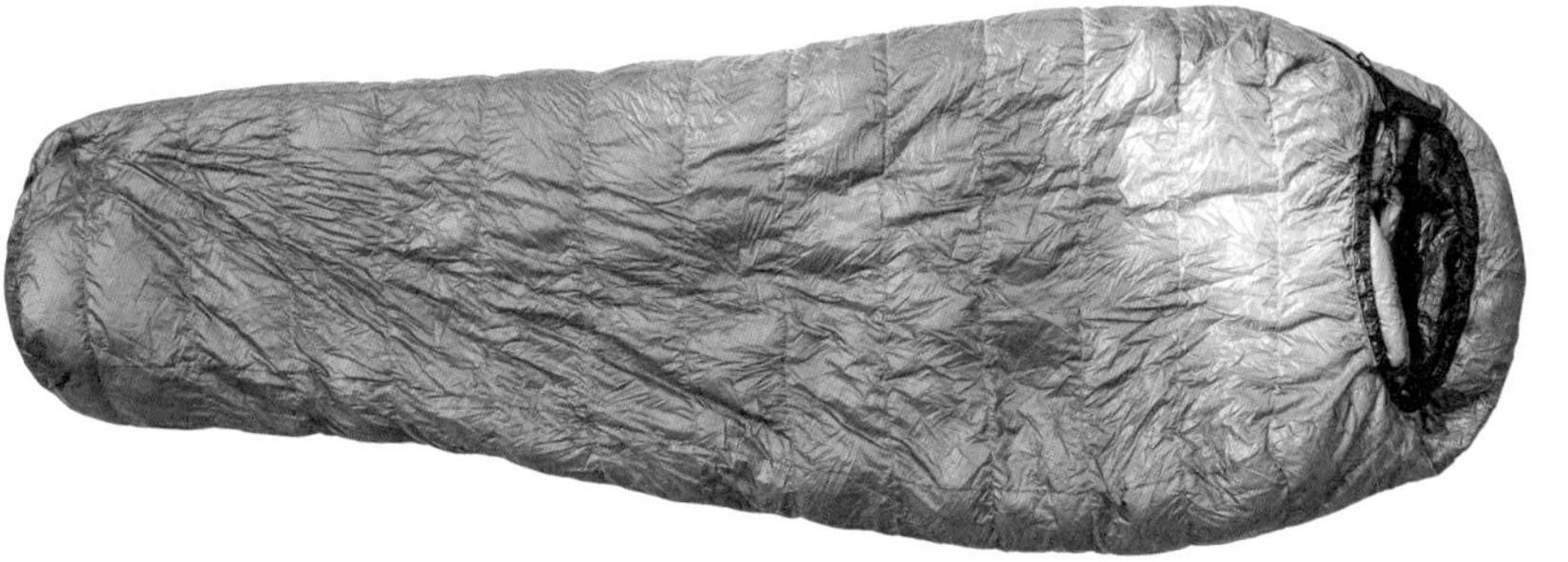

冬の寒い時期にはあまり適さない。私も**冬はマミー型の寝袋を選択しているが、コンティニュアスバッフル構造であることにはこだわっている。**コンティニュアスバッフル構造とは寝袋の前面と背面が区切られることなくつながっている構造で、気温に合わせて体の前面部に中綿を寄せることで保温力を最大化できるようになっている。私が使用している寝袋は550gのダウン量の寝袋だが、前面部にダウンを寄せ、厚手のダウンジャケットと組み合わせて使うことでマイナス20℃程度まで快適に眠ることができる。重量は1kgを切るので、冬用の寝袋としては軽量な部類となる。

軽量化を考えた場合にはフィルパワー値の高いダウンを選択する。生地は7～10デニール程度の軽量なものを選ぶ。ただし濡れによるロフトダウンのリスクは高くなるので、十分に注意しよう。

実践1

暖かく眠るための技術

ダウンの保温力を最大限に引き出す方法

同じ寝袋を使っていても、寒さを感じる人と快適に眠れる人がいる。もちろん寒さに強いか弱いかは個人差があるが、それ以上に技術的な問題が大きいように感じている。

寝袋が暖かいのは、内部の中綿であるダウンが発熱するわけではなく、自分の体温で温められた空気の層のおかげ。ダウンの役割は、この対流しにくい空気の層を膨らませておく役割に過ぎない。使用者がこの空気の層を潰してしまうと、保温力の低下が起こる。

具体的には、ひざやひじなどを寝袋の内部で突っ張ってしまうこと。これにより圧力が加わっている部分から暖かい空気が逃げ、寒さを感じてしまう。寝袋の内壁に圧力を加えず、ダウンの膨らみが最大化することを意識したポジションの作り方が重要なのだ。姿勢はいたってシンプルなもので、足は組んだり曲げたりせず、手は胸の上に置く程度のことでいい。

冬はショルダーウォーマーのある寝袋を選ぶ

寝返りなどで体を動かすと、寝袋の形状が変形する。これに伴い首まわりの隙間から冷たい空気が入り込み、体温を急激に下げてしまう。首まわりにショルダーウォーマーのある寝袋にはマフラーのような効果がある。

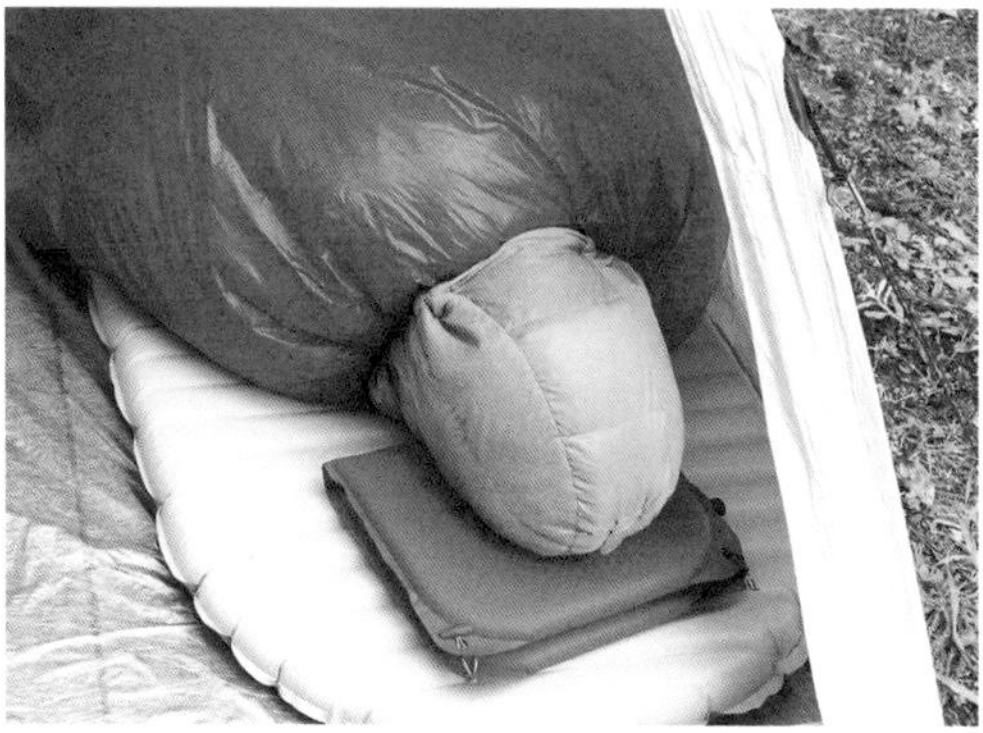

フードをフル活用すれば温度変化の影響を減らせる

寝袋の首まわりのドローコードをしっかり閉め、寒さを感じるときは顔まわりも鼻以外の全ての部分が隠れるようにしっかりとドローコードを絞る。衣類のフードなども被り、温度変化の影響を受けにくくしよう。

Check

寒くなる前に寝袋に入ることが大切

寝る前の対策として、そもそも体を冷やさないように注意することも重要だ。仲間との会話に盛り上がって寒い夜空の下にいつまでもいるようなことはせず、体温を下げない状態で寝袋に入る。冷えてしまったときには就寝前に軽く体を動かし、体が温まった状態で寝袋に入る。このようなひとつひとつの心がけで、同じ寝袋でも遥かに暖かく眠れるようになる。

実践 2

湯たんぽによる加温

ほとんど重量を増やさずに実践できる

重量を増やさずに保温力を上げる方法として、湯たんぽによる加温がある。これはもう凄まじい暖かさで、**使い捨てカイロをいくつか使うよりもずっと効果的だ。何より、余計な重量をほとんど増やさずに暖かさを得られるメリットがある。**プラティパスなどの、ある程度耐熱性があるソフトパックタイプのウォーターキャリーに沸かしたお湯を入れ、水と混ぜて熱すぎない程度の温度に調整する。鍋が小さい場合は一度に沸かせるお湯の量は少ないが、数回、沸かした湯を入れて水と混ぜるのを繰り返しているうちに温度が上がっていく。

寝るまでの間は寝袋の足元に入れておくことで、寝袋に入った瞬間に幸せな暖かさを感じられる。そして寝るときには、胸の上あたりに配置すると効果的だ。心臓や肺の付近を温めることで、体の中枢から抹梢に向かって暖かい血液が送られ、結果として全身を温めることができる。ただし、ある程度深部体温が下がらないと眠りが浅くなるので、寝袋に

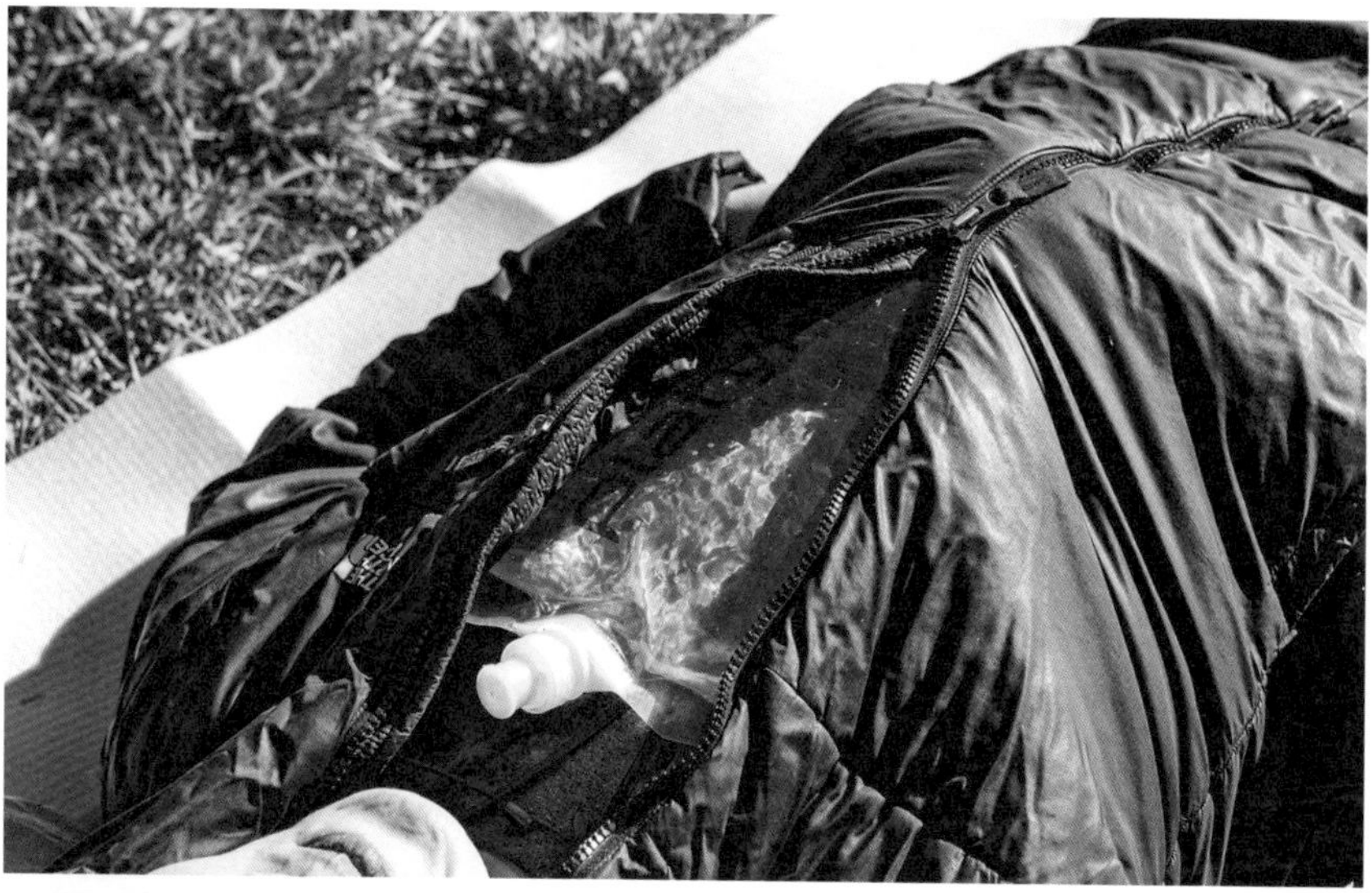

ウォーターキャリーを湯たんぽとして使う

耐熱性のあるソフトパックなら、お湯を入れて湯たんぽ代わりにすることもできる。硬いプラスチック製よりも軽量だ。

入って寒さを感じてしまうような状況でもなければ、足元に入れたままがいいかもしれない。状況に応じて臨機応変に置き方を変えてみよう。

お湯を沸かすための燃料消費量は増えるが、重量的にはわずかなもの。通常持っていく装備だけで暖かさを大きく増すことができる優れた手法なので、多少手間は増えるが積極的に実践しよう。

実践
3

ハンモックのための特殊な寝袋

トップキルトとアンダーキルトの組み合わせ

真夏の平野部でもない限り、ハンモックだけで眠ることはできない。背中があまりに寒く、何かしらの防寒対策が必要だ。ハンモックの上にマットを敷いてもいいが、それではハンモックの気持ちいい寝心地が体感できなくなってしまう。ハンモックの場合、トップキルトとアンダーキルトというふたつの寝袋を使用する。**トップキルトは背中の部分がない寝袋で、ハンモックの上でもスムーズに寝袋に包まれるメリットがある。**アンダーキルトはハンモックの下に外側から取り付け、中綿の膨らみによって保温層を設ける。

スリーピングマットを持たなくていいハンモックだが、結局のところアンダーキルトの重量があるのでマットの必要な幕営装備との重量差はあまりない。それどころかハンモック本体と吊るすためのスリングの分重くなってしまう。それでもハンモックを選択する価値があると感じるほどに、心地よい寝心地をもたらしてくれる罪な存在だ。

掛け布団として使うもの

トップキルト

背中に当たるところは自重でロフトが潰れて保温力がなくなるので、背中側に中綿のないトップキルトがよい。

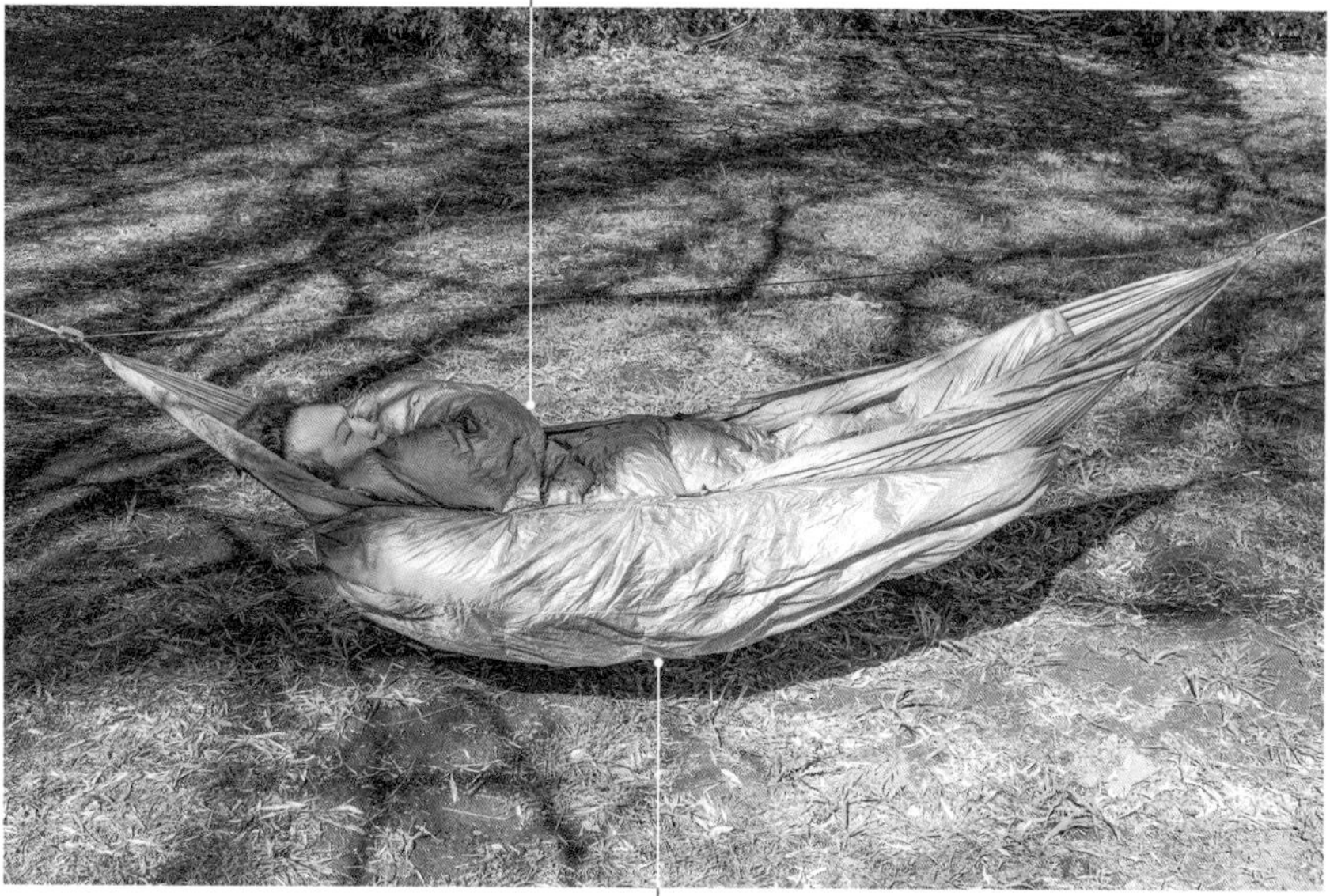

アンダーキルト

ダウンが潰されないように外側に取り付ける

ハンモックの中で寝袋を使うと潰れて保温力がなくなるが、アンダーキルトはハンモックの外側から装着して体温の暖かさをキープできる。夏季など暖かいシーズンなら、トップキルトは不要で(防寒着を着込んだ上で)アンダーキルトだけでも快適に眠れるだろう。

睡眠時の寝心地を左右するだけでなく、
地面からの冷気をさえぎる役割もあるマット。
安全登山の観点からも軽視できないアイテムだ。

スリーピングマット

軽量化とともに保温性も重視したい

スリーピングマットは大きく分けて3種類。軽くてパンクリスクはないが、とてもかさばるクローズドセルマット。空気を注入して使うエアーマットはとてもコンパクトだが、パンクリスクを伴う。エアーマットの中にウレタンフォームを入れ、断熱性とある程度の自動膨張機能を持たせたインフレーターマットがある。特に寝心地がいいのがインフレーターマットだが、重量的に不利なので軽量化を考える場合は選択から外す。

断熱性はR値と呼ばれる数値で表す。**無雪期であればR値2以上、積雪期であればR値は最低5以上欲しい**。またサイズは、夏ならば半身サイズにして軽量化できるが、冬はやはり全身サイズが快適だろう。

例えば枝や石などでパンクリスクが高い無雪期の場合にはクローズドセルマットが安心かもしれない。フレームレスタイプのバックパックの内側に筒状に入れることでバックパックのフレームとしても役立つ。寝袋や防寒着の体積が増える積雪期であれば、エアーマットが第一候補になる。パンクに備えてサブマットの携行も検討したい。

Point 兼用して数グラムでも軽くする

シェルター内でサブマットを敷き、その上に最も体重のかかる肩からお尻までの位置にクローズドセルマットを敷く。ここに重点を置いて他を軽量化する。

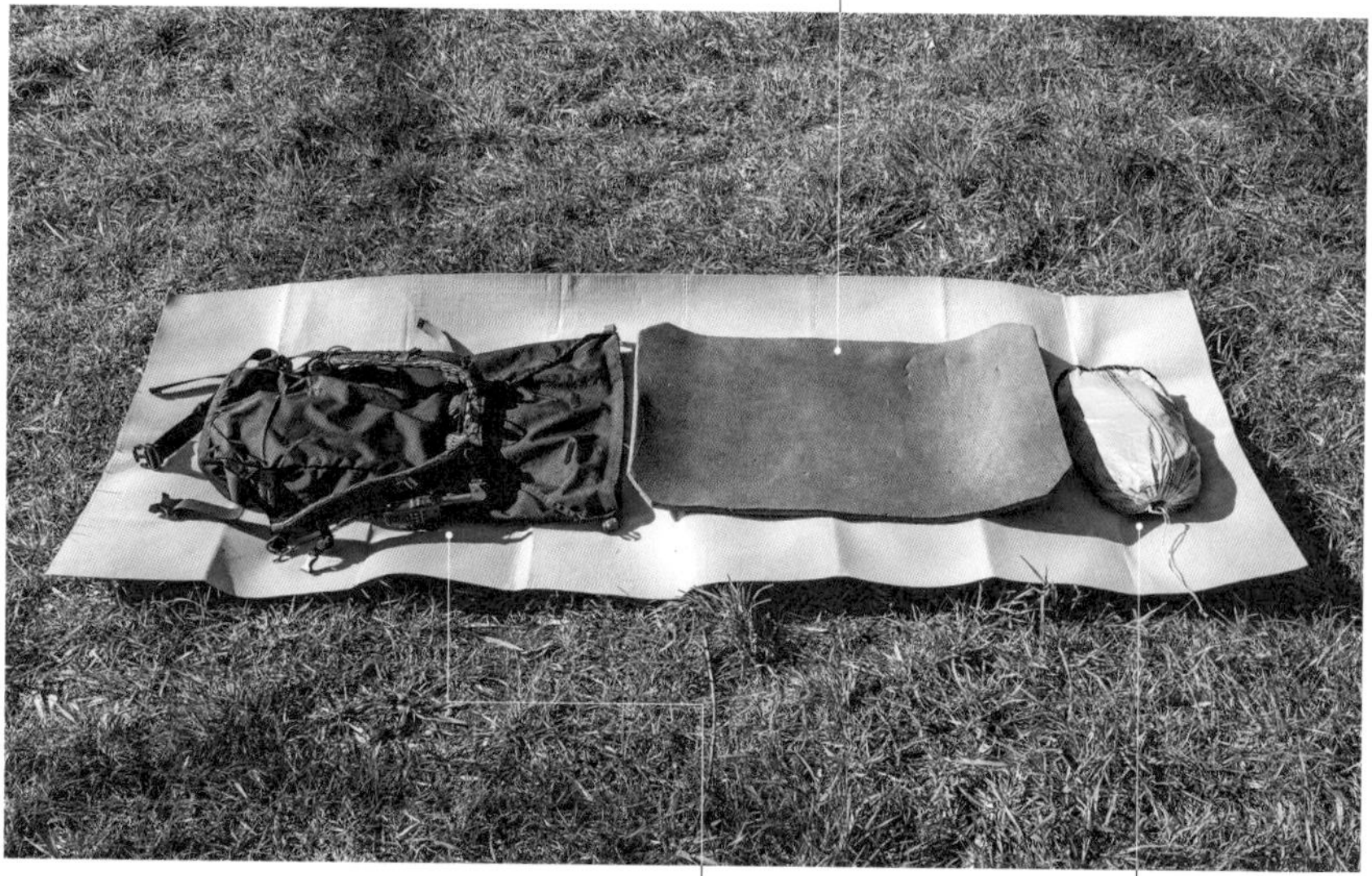

足の下にはバックパックを置く。寒いようならお湯を沸かし高温に耐えられるソフトパックのウォーターキャリーを入れて足元を温めよう(P108)。

スタッフバッグにレインジャケットやパンツ、行動中に着ていた衣類など、寝るときに着用しないものを入れて枕にする。専用のピローなどは持たない。

Check

寝心地の差も考慮してみる

クローズドセルマットはどうしても薄く、エアーマットに比べて凹凸に弱い。どのような場所に泊まるかも考慮したい。例えば岩がゴツゴツとした岩稜や河原で寝ることを考えると、エアーマットがいいかもしれないし、整備されたテント場やふわふわの落ち葉の上に寝るならばクローズドセルマットでも快適だろう。

エアーマット

インフレーターより軽量のマットだが、内部に隔壁を設けたり、反射材を採用したりと工夫がなされている。

参考重量
420 g

エアーマットは形が四角いものと、楕円形ものがある。幅があるものはその分寝返りがしやすくのびのび寝られるが、重量はやや重くなってしまう。

最近はエアーポンプ用の袋が付属していることが多く、楽に膨らますことができる。

インフレーターマットも快適だが、重量の面では不利。軽量化を考える場合は選択から外す。

軽量化が進み構造も進化し続けるエアーマット

昔のエアーマットは単なる筒状のチューブが連なった構造をしていたため、マット内部の空気の対流により地面に熱が奪われやすかった。これにより一時は市場から姿を消しかけるほどに不人気だった。しかしダウンなどの中綿を入れてみたり、内部に隔壁を設けて空気の対流を制限したり、各社が工夫を重ねた結果、現在では軽くて暖かいエアーマットが人気を集めている。

一見同じように見えるエアーマットだが、商品によって内部構造が異なり、それによって保温力も大きく異なるし、重量にも差が出るため、季節に応じて適切な断熱性のマットを選びたい。不適切なR値の製品を選べば寒くて眠れなかったり、無駄な重量を背負うこと

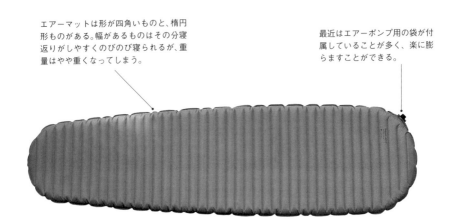

Point　エアーマットの使い方

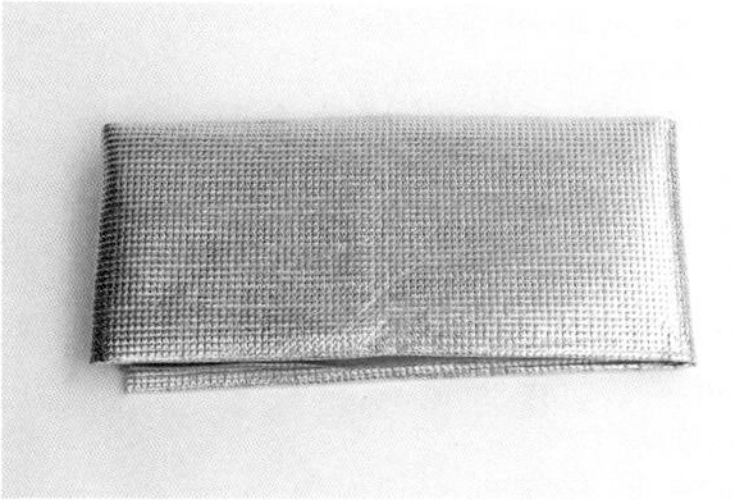

テントマットの例

テント内外に敷くアルミのシート。ツェルトのグランドシートなどにも使用できる。厚みはないが、ある程度の断熱性は期待できる。

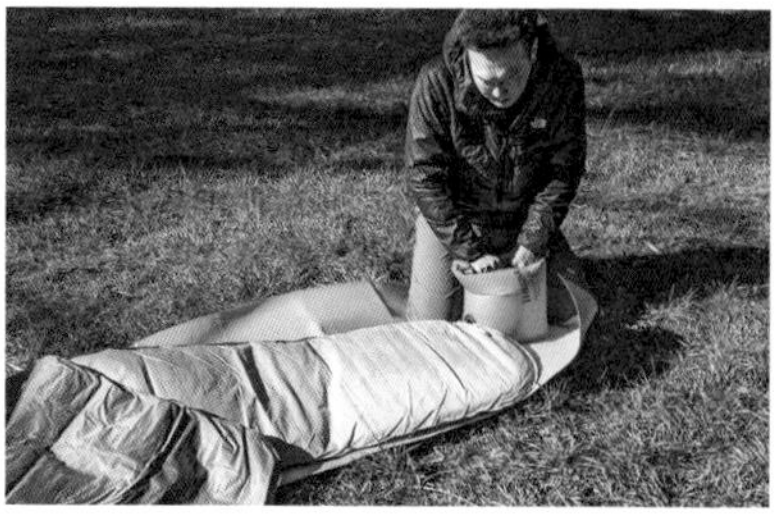

ポンプサックを寝袋の収納に使う

別売りの防水ポンプサックを使用することで、ポンプサックを寝袋の収納にも使えて無駄がない。特に冬場は呼気が凍結するので必ずポンプサックを使う。

Check

エアーマットにもかなり軽量化を施した製品がある

もともと軽いエアーマットだが、上半身のみのサイズ感にし、不要な部分をなくして軽量化された製品も発売されている。体重がかからない部分が中抜きされていることで、その部分の寝袋のダウンが潰れないため、寝袋の保温性が発揮される。

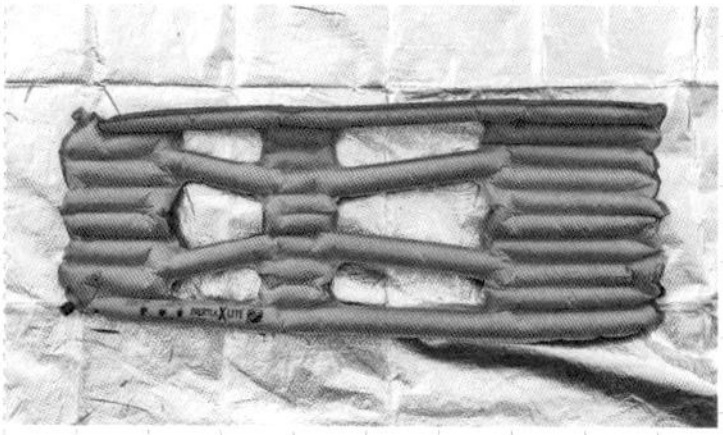

になったりする。多少の出費はしかたないとして、夏と冬ではマットを変えるほうが合理的だ。

エアーマットの最大の欠点はパンクリスクにある。万が一のパンクに備え、サブマットの用意をするのが望ましい。例えばテントマットを折りたためば十分な断熱性を持つ座布団になるし、広げて敷けばエアーマットの補助にもなる。また、マイナス20℃を下回る環境ではR値は7程度欲しくなるが、テントマットを下に敷けばR値は5程度で済むかもしれない。その分エアーマットの重量を軽くできるので、テントマットの重量増はある程度相殺されると考えていいだろう。このように単純な保温力や重量だけではなく、総合的な組み合わせによって軽量化を考える必要がある。

クローズドセルマット

参考重量
100 g

破損の恐れがないクローズドセルのマット。
長さを短くしたり素材を変えたりと軽量化の工夫ができる。

角はカットしておくとしまいやすい。

肩からお尻が隠れる80〜90㎝程度の長さにカットする。個人差があるので測ってカットしよう。

軽量のクローズドセルを短くカットして使う

クローズドセルマットは折りたたみ式のものとロール式のものがある。見た目も凹凸があるものと、平らなものがあり、凹凸があるものは空気の層を作って保温をしたり、地面にある小石などの緩衝を減らしてくれたりする。一方、平らなもののほうが軽い場合が多い。

ロール式のクローズドセルマットは各メーカーから厚さと長さのサイズ違いが販売されており、素材はほとんどが柔らかいポリエチレンでできているため、丸めてバックパックの中に入れれば、バックパックのフレームとしても役立つ。

クローズドセルのマットなら肩からお尻ぐらいをカバーする長さ

Point　軽量化のポイント

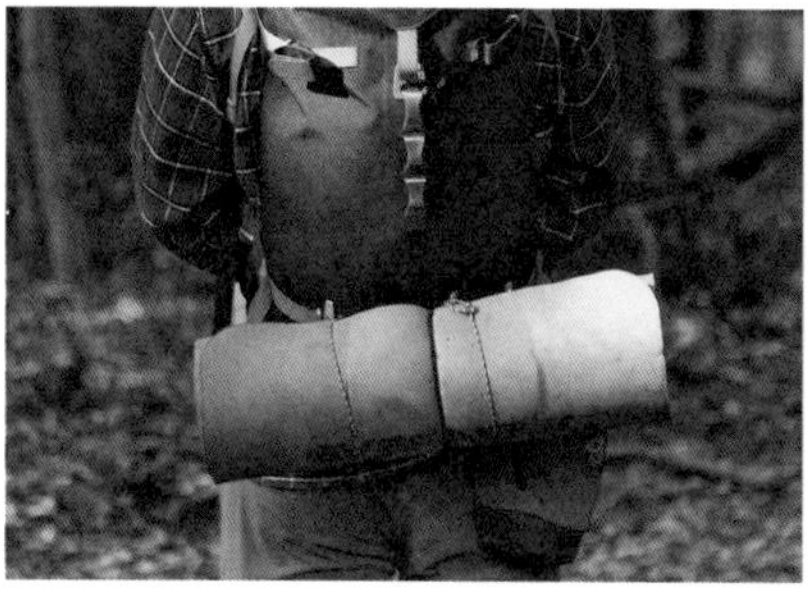

外付けはおすすめしない

外付けをすると岩や枝に引っかかったり、強風で煽られてバランスを崩すリスクがある。危険なので可能な限り中に入れたほうがいい。

パッキングは筒状にする

パッキングするときはゆるく丸めて筒状にし、まず空のバックパックに入れる。そのあとに細かい物を入れていこう。

Check

クローズドセルマットはずり落ちにくい

エアーマットは寝袋との摩擦が少なく、とても滑りやすいことも弱点のひとつ。整地して平らになっていれば問題がないが、ちょっとでも斜めになると寝ている間にマットから落ちてしまい、睡眠を妨げることがある。その点クローズドセルのマットは摩擦によって滑り落ちにくく快適に眠ることができる。

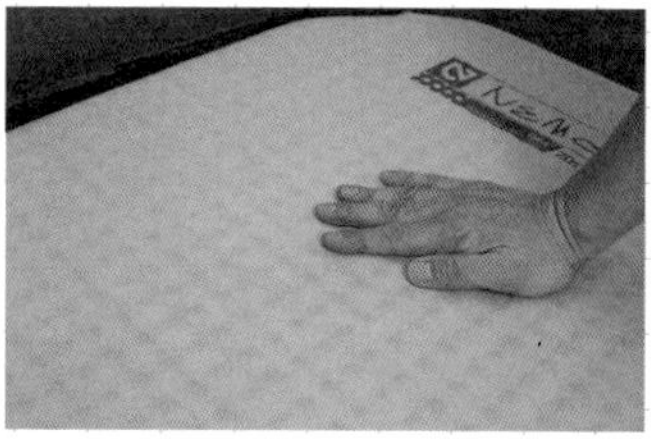

でカットし、頭は衣類などを使って枕にし、足元はバックパックを敷けば足が地面に直接触れずに済む(P113)。このように長さを短くすることでフルサイズの約半分の重さになり、大幅な軽量化を図ることができる。

厚さについては、どの程度が快適に眠れるのか個人差が出てしまうところなので、自身がどこでも眠れるタイプなのか、繊細なタイプなのかで判断しよう。厚ければ厚いほど重くなるし、バックパックの容量を食ってしまう。

登山用に販売されている製品は柔らかすぎず、クッションのほどよい反発によって小石などによる異物感を減らしてくれる。初めて使うときは、標高が低く寒くない時期に試してみよう。

COLUMN

小屋利用で軽量化

山にある多くのテント場は近隣の山小屋が管理している。テント泊登山は魅力的ではあるが、テント泊するよりも山小屋を利用したほうが軽量化できるし、設営撤収の時間も省けることから体力の回復も期待できる。ただし、山小屋利用にもデメリットはある。混雑期では見知らぬ人と畳一畳ほどのスペースを共有して眠ることになるため、人によっては逆に十分な睡眠が得られず体力が回復できないこともある。また、小屋での食事の時間などが定められている場合、それを軸とした山行計画を立てる必要が出てくる。山で自由な時間を楽しみたい人にとっては、多少制限されることがわずらわしくなるかもしれない。

また、小屋に泊まる場合であっても、ツェルトのような緊急時のビバーク装備は携行すべきだし、防寒着もテント泊同様のものは備えておきたい。万一に備えて食事量も極端に減らすべきではないため、寝袋やマットのグレードを下げるといった方法でしか軽量化できないかもしれない。何より、コスト面でも負担は大きい。登山の頻度が高い人ほど、テント泊のほうがコストを抑えられるだろう。

とはいえ、相対的には軽量化できることには変わりないため、初心者や体力に自信のない人は、小屋に泊まる選択肢も考慮して山行計画を立てるようにしよう。

PART

5

補給のための 装備の軽量化

ここまでの軽量化はベースウェイトを軸としたものだが、
結局のところ、消耗品まで含めた荷物の総重量が実際に背負う重さだ。
ここでは食料や調理道具の重量について、改めて考えてみよう。

登山中の自炊に欠かせないのが調理道具。
これらの軽量化を考えるときは、
まず食事内容を見直すところからはじめよう。

調理道具

大幅に軽量化できる可能性を秘めている

山小屋などでの補給（食事）に頼らない場合、クッカーやストーブ、そしてもちろん食材も自分で運ぶことになるため、これらの重量はかなりのものとなる。ただ、自炊する場合でも**食事内容を見直すことで、大幅に軽量化することができる。**

カップ麺などに必要な湯の量は350～500㎖ほど。この程度の湯を沸かすだけであれば、それほど高出力なストーブは必要ない。ガスストーブを固形燃料などに替えるだけでも200gくらい軽くすることができるだろう。また、食材も水分を含まないものだけにすることで、1食100g程度に抑えることができる。長期縦走など**調理回数が増えれば増えるほど、この重量差は大きくなっていく。**

軽量化というと、ベースウェイトの重量ばかりに気がまわりがちだが、結局は食料なども含めた実際に背負うパックウェイト（総重量）が重要だ。

クッカー

クッカーは湯沸かしができれば十分。
食器やマグカップとしても使えるものを選ぼう。

参考重量
50 g

チタン製で容量は400㎖ほど。同様にチタン製のリッド（蓋）を合わせて、収納性と熱効率を高めている。

利便性を考えると取っ手は外せない。火傷防止の赤いラバーグリップの下段はカットしている。これは軽量化でもあるが、焚き火にかけた際に燃えるのを避けるため。

湯沸かし効率のよい形状のものを選ぶ

私は最低限の湯沸かしができるものとして400㎖の容量のものを選択している。軽量化のため、素材はチタン製がいいだろう。小さな鍋を使用することで内部の空気の量が少なくなり、湯沸かしの効率が高まる。また、底が狭く縦に長い形状より、底が広いほうが熱を逃さずに早く湯を沸かすことができるメリットがある。シェラカップほどのサイズで、食器、マグカップとして使うこともできる汎用性の高さも魅力だ。

携行時は中に燃料、着火道具など調理で使うものを入れてコンパクトに運ぶようにしている。

ガスストーブ

圧倒的な湯沸かしスピードが魅力のガスストーブ。
軽量ではないので、使うシーンを見極めて選ぶようにしよう。

参考重量
50 g
+ガス缶

アウトドア用のガス缶(OD缶)専用の直結式のガスストーブは脚がない分軽量だ。ただしバランスが悪いとクッカーごと倒してしまう可能性があるので注意しよう。

寒冷地や標高が高いところでは点火装置は使えないことが多い。潔く点火装置なしのモデルを選ぶと少し軽くなる。

時短したいときに優位性のある選択

ガスストーブは、スタンドなどが不要なガス缶(OD缶)に取り付ける直結式と呼ばれるものが望ましい。その中でも可能な限り軽いものを選ぼう。

しかし、軽量化の観点でいうと空のガス缶が残ってしまうので賢い選択とはいえない。寒いときは故障するリスクもあるし、トラブルが起きやすい。山中で火を失うリスクと重量が、私が積極的には選ばない理由となっている。

ガスストーブを選択するときは、むしろ日帰り登山で、お昼にカップ麺を食べたいときなどに適している。総重量がそれほど重くないこともあるが、他のストーブに比

Point ガスストーブの種類

ガスストーブには直結式と分離式がある

軽量性で優れているのは直結式だが、分離式は重心の低さから安定感がある。複数人での共同装備であれば大きめの鍋を火にかけることになるため、その場合は分離式のほうが安定感があり適している。

Check

ガス缶は使い終わっても荷物になる

軽量化の観点でガスストーブを積極的に選ばない理由は、ストーブ自体よりも燃料のほうにある。燃料自体を使い終わってもガス缶の重量は下山まで持ち続けることになる。大人数での利用や、早朝出発など時短が必要な場面で採用しよう。持ち運ぶ際はクッカーなどに収納し、かさばらないように心がけよう。

べ火力が高く、圧倒的に素早く湯沸かしが可能なため、食事の時間を短くしたいときに有効な選択となる。時短の点で付け加えると、複数人でのグループ登山の共同装備としてであれば積極的に採用したい。数人分の食事のための湯を沸かすとなると、それなりの水の量になり他のストーブでは時間がかかりすぎてしまうからだ。

また、雪山などでは雪を溶かして大量の水を作る場面が多いが、その際のスピードもガスストーブの魅力ではある。総重量に余裕があって、標高を稼ぐような登山ではないシーンで選ぶのがいいだろう。山でしっかりと調理を楽しみたい人にも適しているが、それでは総合的に軽量化は目指せないことを留意しておきたい。

アルコールストーブ

ストーブ本体を軽くできるアルコールストーブ。
ただし、燃料にも重量があるため、使用シーンの見極めが必要。

参考重量
35 g
+アルコール燃料

燃焼部にカーボンフェルトを採用しており、転倒時の燃料こぼれを軽減できる。また、カーボンフェルトを出し入れすることで火力の調節も可能だ。

アルコールは燃焼している炎が見えにくいので、火力の管理が難しい。ただし燃焼音がないため、自然の中で静かな時間を過ごせる。

飲料缶から作られたガレージブランド品。スタンド（ゴトク）の安定性は低いが、チタンなどの軽いクッカーであれば問題なく使用できる。

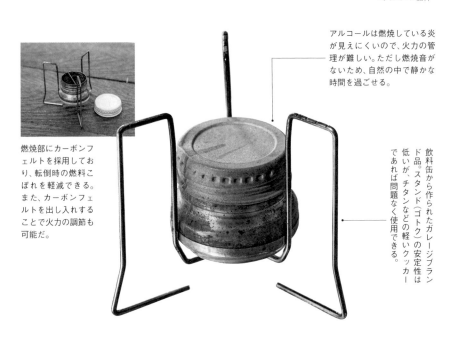

使用量を見極めれば軽量化は可能となる

ガスストーブよりも軽量化できるのがアルコールストーブだ。さまざまな種類があり、ストーブ本体は軽量のものが多い。デメリットとしては燃費が最も悪く、長期では不利になる。日帰りから一泊程度の登山で、調理に必要なアルコールの量を見極めれば、軽量化できるだろう。事前に自分に必要な量の湯がどの程度の量のアルコールで沸かせるか、気象条件別で把握しておく必要がある。

ガスストーブほどではないが、次頁で紹介する固形燃料よりは火力が高いのも特徴だ。また、ガス缶（OD缶）や固形燃料と違って、薬局などで燃料が購入しやすいの

Point 軽量化のポイント

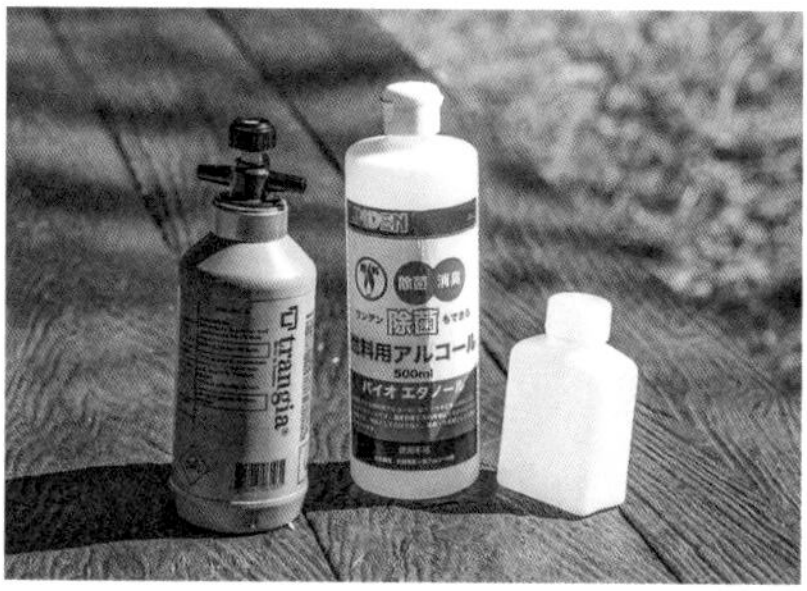

燃料ボトルの重量も考慮する

液体燃料の携行方法も考慮しなければならない。山行計画と気候に応じた必要量を見極めよう。また、液漏れなどが発生しないよう注意も必要。

利便性よりも軽さを求める

種類が豊富なアルコールストーブ。キャンプ用で利便性が高いものが多く普及しているが、登山用に開発されたより軽いものを選ぼう。

Check

燃料の入手のしやすさ

登山口の近くなど山間部でガス缶や固形燃料を販売しているお店を探すのは難しい。しかし、アルコールであれば薬局やドラッグストアで簡単に手に入れることができる。飛行機に乗って移動する海外や地方遠征では、燃料の入手難度の低さはとても重要になる。ただし、必要量以上を購入することになるため、小分けできるボトルへの入れ替えができると軽量化できるだろう。

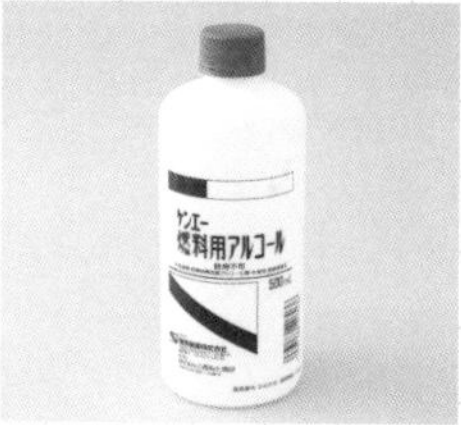

もメリットといえる。特に飛行機で移動する場合、ガス缶や固形燃料を持ち込むことができず、現地にて探す必要がある。ガス缶や固形燃料を現地で見つけるのが困難な場合も多い。また細かな点で、固形燃料と違ってクッカーが煤《すす》汚れしない点もありがたい。

ただし、燃費で考えるとパフォーマンスが悪い。1泊程度の登山であれば軽量化できるかもしれないが、2泊以上では重量が相対的に増えてしまい、火力も低いので損をした気持ちになってくる。また、気化温度が高いので、寒い時期は初期燃焼時に体温で温めないと使えない。ただ近年では極めて燃費のいいストーブも開発され、長期の山行で使える可能性も出始めてきた。

固形燃料

固形燃料にも種類がある。アルコール固形燃料は
寒冷地では着火しにくい。エスビットが信頼できる。

参考重量

4g/1個

+ゴトク

折りたたむとコンパクトになる専用のゴトク（写真はチタン製）に乗せて使用する。

4g、14gなどのサイズ違いのタブレット状で売られているエスビット。

軽量化の面では圧倒的に優位な燃料

第二次世界大戦時にドイツで開発されたエスビット。当時の彼らの戦線は寒かった。そこに兵士それぞれが固形燃料を用いて調理できるようになり、個別行動が可能となった。今でも世界各国の軍隊で採用されているほど、評価の高い燃料なのだ。

評価の高さの理由は、ガスや液体に比べて重量対火力のバランスがとてもいい点が挙げられる。ガスに比べると燃焼効率は劣るが、ガスは使用後にもガス缶が残ってしまう。固形燃料は使い切ってしまえば重量はゼロになる。そのため、山行期間が長いほど重量面で優位になる。また、エスビットで

Point 軽量化のポイント

熱を逃さず鍋に伝える

アルミ融着させた耐熱シリコンシートを敷いている。地面に熱が逃げず、輻射熱も期待できるので熱効率がいい。雪の上でも使用できる。

風除けをしつつ熱効率を高める

ゴトク全体を囲むことで、反射板と同じように固形燃料の熱効率を高められる。燃料の様子が見えにくくなってしまうが、風除けにもなる。

ゴトクのさらなる軽量化が可能

固形燃料を置く台もない、脚だけの軽量なゴトクもある。台の代わりにクッカーのフタや安定した石などを使えば、大きな問題にはならないだろう。

あれば低温下でも確実に火がつく安心感もある（アルコール固形燃料は低温下ではつきにくい）。故障もないため山においてこれほど信頼のおける燃料はないだろう。

欠点はクッカーが煤で汚れてしまうことくらいだが、これは軽量化の面ではさほどデメリットにはならないだろう。また、火力は強くはないのだが、それも数を増やせば解決できてしまう。安全性も高く確実性もある。それでいて軽量性の面で圧倒的に優位なため、軽量化を目指したい人には見過ごせない存在だ。

さまざまな固形燃料を試しているが、現在のところエスビットより効率のいい固形燃料は見つかっていない。最良の選択といえる。

ウッドストーブ（焚き火）

火を起こすという点では最も原始的な方法。
軽量性では優位だが、使える環境が限られてくる。

参考重量
65 g

ゴトク

焚き火の周りに石を配置し、そこにまたがせて鍋などを置くゴトク。パッカーズグリルなどと呼ばれる。

参考重量
125 g

ウッドストーブ

組み立て式でコンパクトになるミニストーブ。空気を取り込む構造で燃焼効率が高いが、小さいので薪を頻繁にくべる必要がある。

使える環境と気象条件を選ぶ

ウッドストーブは、一般登山ではほぼ禁止されているため現実的ではないだろう。沢登りなど焚き火が許容されるような環境での選択肢となる。軽量化の面では長期に及ぶ山行においては優位性が高い。写真下のように専用のストーブがあると利便性は高いが、現地で薪（枝など）を調達し、石を組んで焚き火をするだけでもいいので、実質重量をゼロにできるのが最大のメリットだ。ただし、雨が降っていたり、入手できる薪が前日の雨で湿っていたりなど、天候によっては火を起こせない可能性もあるため、固形燃料との併用が現実的な選択となる。

着火道具

調理時の他、非常時に焚き火をする際にも
必要となってくる着火道具を見極めよう。

参考重量

10 g

ライター

フリント式のライターは火花でガスストーブの着火も可能。10g程度のものが最軽量となる。低温や水濡れに弱いので注意。

参考重量

0.7g/1本

ストームマッチ

強風下でも大雨に濡れても火が消えないストームマッチが安心。数本を側薬と一緒に輪ゴムなどで束ねて非常用装備として持ち運ぼう。

Check

メタルマッチは使えるか?

メタルマッチとは、マグネシウムなどの金属の棒(ロッド)をストライカーという点火道具で擦ることで火花を起こす着火道具。キャンプシーンで人気のアイテムだが、登山シーンではどうだろうか。何度も火を起こすような長期の山行では優位性があるかもしれないが、何千回もの使用を想定している道具であるため、どれほど長期でも使い切れるものではない。また、重量も登山の点火装置としては重すぎる。

ライターをメインにマッチをサブで持つ

登山において必要不可欠な装備ともいえる着火道具。そのため、必ずバックアップを持っておくようにすること。

ライターは昔ながらのフリント式であることが重要だ。電子式点火装置のライターは、低温や標高によって使えないことがある。フリント式は火花を散らすことで、ガスやアルコールへの着火が可能だ。

バックアップには軽量性で優位なマッチを選びたい。どんな低温下でも火がつくため信頼もおける。風や水に弱い印象のマッチだが、ストームマッチであれば風や水にとても強い。ライターのバックアップに数本は用意したい。

カトラリー

食事をする際のカトラリーはひとつに絞り込んで持っていくこと。

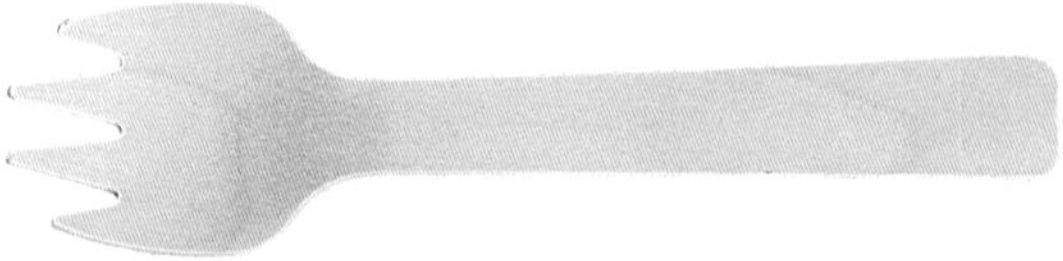

参考重量 2g

木製のフォークスプーン

カップ麺でもカップライスでも1本で食すことができる。フォークとスプーンのどちらにも特化はしないが軽さを優先するなら選択肢になる。使い終わったらゴミにしてしまえる点もいい。

参考重量 5g

割り箸

大抵の場合、日本人は箸で事足りてしまう。わざわざコストをかける必要もないし、軽量性もアウトドア専用の箸などよりも優位性がある。

食事内容に合わせてベストなチョイスを

箸やスプーンなど、食べる料理に合わせていろいろなものを持っていく人がいるが、そのときの食事に合わせて絞り込むべきだ。割り箸のみ、レンゲのみにするなど、食事の内容にマッチしたベストなカトラリーをひとつだけ持っていくのがいい。

フォークスプーンは便利なようだが、カップライスでは先から米が逃げていくし、麺はちょっとしかつかめない。どちらも兼ねるということは中途半端でもある。とはいえ、固形物でも液体でもどちらにも対応する点で食事選びに困らずに持ち込むカトラリーをひとつにできる点で優位性がある。

コジー

コジーとは反射材の入った保温バッグのこと。
もちろんただの保温バッグではない使い方もできる。

参考重量
20 g

マジックテープで密閉もできるので、スタッフバッグとして使うこともできる。

断熱材が入っていてやや厚みがあるため、密閉袋で調理した熱々の料理も手で持つことが可能。器の役割も果たす。

山で何を食べるか。これも軽量化にも大きく影響する。本格的な食事を作ろうと思えば調理器具や食材が増えてしまう。軽量化を考えた場合、自ずと湯を入れて作るインスタント食品となるだろう。だが、カップライスやカップ麺を食べようとすると、どうしてもカップの体積がバックパックの容量を圧迫する。そこで役立つのがコジーである。コジーが保温パックと器、さらにはポーチと調理用鍋を兼務してくれるのだ(P137)。

食事の軽量化も推奨している私だが、実は乾いたものばかりでは寂しさを覚えることもある。そこでこっそりウインナーを持っていくことがある。その際の保冷バッグとしてもコジーは役立っている。

食事を楽しみに山に登るか、
徹底的に軽量化と合理化を図るか。
自分自身の登山との向き合い方を考えよう。

食料

合理的なエネルギー摂取を考える

調理道具のパートでも述べたように、手間のかかる山めしを楽しむのは軽量化の目的からはかけ離れている。

山で行動する上で、食事に求めるのは**翌日に動けるエネルギー（ATP＝アデノシン三リン酸）の原料補給**である。カップ麺やアルファ化米など、乾燥させた食材を湯で戻すものを食べるだけでも十分にエネルギー補給はできるので、軽量化の観点ではこれが合理的な選択といえる。

食材に含まれる水分を減らすと、1泊2日でも1kg以上の軽量化が可能だ（水は途中で補給できる前提とする）。調理道具もシンプルになることから、大きく重量を削ることができる。結局は、その時々でどこまで軽量化が必要かにもよる。歩く距離が短くて、キャンプ要素の高い登山なら、フライパンとステーキ肉を持っていったっていい。軽量化をしたいのであれば、食事を簡素化することで圧倒的に軽くできるというだけの話だ。究極的には、タンパク質補給は水に溶かすプロテインでもいい。自分がどこまでの簡素化を許容できるかで考えてみよう。

Point 食事量の考え方

エネルギー補給のために欠かせない食料は軽量化できるポイントだが、必要な食事量を減らすことは危険なので注意しよう。

Check

食事量（摂取エネルギー量）が足りないのは大問題

食料は大きく軽量化が図れるが、食事量が足りないというのは大問題だ。総量については、必要量よりも少し多めに持っていく必要がある。日帰り登山で山頂で昼食を摂るをするとしたら、プラス1食で合計2食は持っていく。これでもし道迷いなどでビバークが必要になったとしても夕食が確保できる。ただし翌日に下山のための行動が必要となるので、プラスして行動食も備えておきたい。行動食には火も水も使わないものを選ぼう。このようにして、エネルギー不足で行動ができなくなるようなリスクを回避することを心がけるのが、安全登山への臨み方だ。

食事量の目安

1泊2日の登山	=	夜 ＋ 朝 ＋ 行動食2食分 ＋ （予備）1食
2泊3日の登山	=	夜×2 ＋ 朝×2 ＋ 行動食4食分 ＋ （予備）2食
3泊以上の山行計画	=	例えば1週間くらいの行程であれば、丸1日分くらい多めに食事を持っていきたい。

エネルギー摂取を考慮した行動食の例

エナジーバー

菓子パン

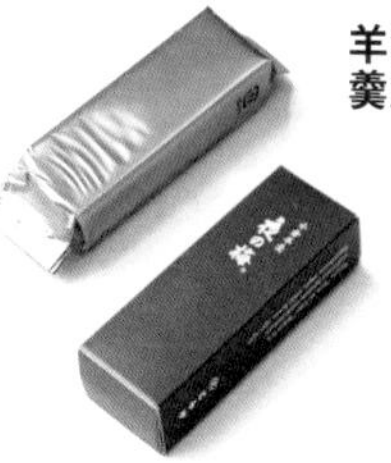

羊羹《ようかん》

インスタント麺

湯を沸かせば食べられるインスタント麺。
種類も豊富で自分でアレンジがしやすいのも特徴だ。

温かいスープも摂れて合理的な山での補給食

乾燥していて湯で戻す・茹でる食材の代表といえばインスタントラーメンなどの乾麺だろう。温かいスープとともに食べることができるので、山での食事に適している。軽量とはいえカップ麺だと容量的にかさばってしまうので、湯沸かし用のカップを食器として兼用できるものがいい。あらかじめ中身を密閉袋などに移しておくと、一緒に入れるかやく類などのゴミも減らせる。味気ないようなら、乾燥野菜や茹で卵と組み合わせるなど、自由にアレンジできるのもいい。

参考重量

85×2g

棒状のラーメン

重量的にはやや重めの部類にはなるが、いわゆる袋麺などに比べてパッキングのしやすさが特徴の棒状の麺。軽量化のためにクッカーを小さくしていたとしても、好きなサイズに折って入れることができるため、大きな鍋を必要としない調理のしやすさがうれしい。ネギなどの乾燥野菜、茹で卵やベーコンなどを加えれば満足度の高い食事が得られるだろう。

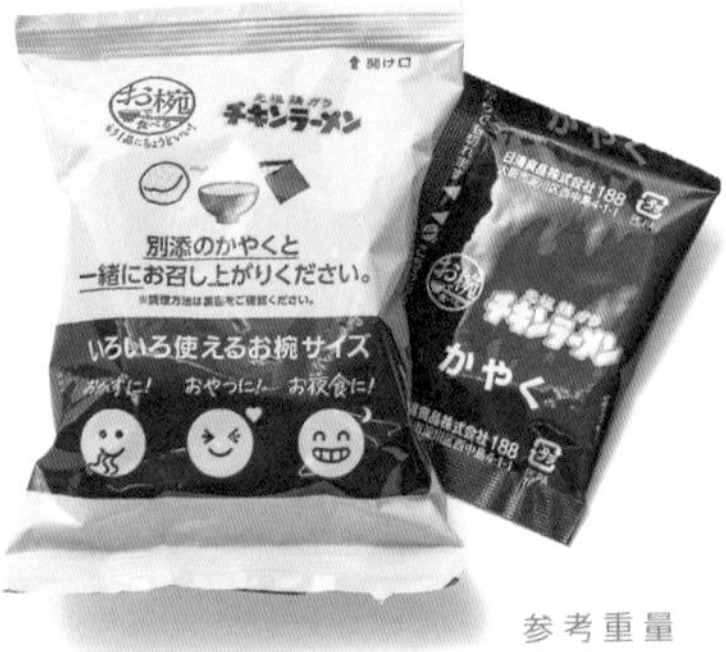

参考重量

40 g

お椀サイズの乾麺

おやつや小腹が空いたときのために、袋麺のミニ版が存在する。これらは軽量化を目指した小さなクッカーで調理するのに適したサイズで、必要な湯量も少ないので手軽に調理することができる。当然これではお腹が満たされないことが考えられるため、おにぎりなど他の食料と組み合わせて1食分として考えよう。湯を使わずに食べることもできるので、予備食にも適している。

スープ類

インスタント麺と同様、湯を沸かすだけで食べられる。
こちらも種類が豊富で、主食との組み合わせを楽しめるのもうれしい。

フリーズドライのスープ

参考重量

15 g

湯を注ぐだけですぐに食べられるフリーズドライのスープ。軽量なのに具だくさんで、味の劣化もほとんどなくおいしく食べられるのが最大の特徴。一品足りないようなときや体を温めたいときなどに手軽に作れて重宝する。

主食にもなるフリーズドライ食品

参考重量

20 g

米や麺なども入ったタイプのフリーズドライ食品。スープよりも食べ応えがあるため、時間のない朝などに手早くエネルギー補給するのにいいだろう。湯量も少なくて済むため、魔法瓶などに湯を用意しておけば素早く食べられる。

参考重量

25 g

ごはんと組み合わせる

フリーズドライ食品は種類が豊富で、食べ方のアレンジができるのも特徴。スープ系の中でもごはんに合うカレーやビーフシチューのようなものをチョイス。少量の湯で作れるし、冷えた白米(おにぎりなど)を投入すれば、それだけで一食分の食事にできる。

Check

乾燥野菜がセットになった満足度の高いパスタ

乾燥野菜は自分で用意するとなると手間だが、それらがセットになったパスタは茹でるだけで贅沢な食事を楽しめる。ややコストは高め。

カップライス

疲れた体にカレー味が染みる。
手軽なカップライスのおすすめの食べ方を紹介。

参考重量
105 g
※密閉袋に移した場合

登山にぴったりな補給食

さまざまな味のバリエーションもあるカップライス。必要な湯の量は230mℓと少量ながら、約450kcalのエネルギーを摂取できる。味のバリエーションには期間限定モノなどもある。

Check

トッピングも楽しめる

味のベースはカレーなので、自分の好みでトッピングしてアレンジを楽しめるのも魅力。例えばチーズや卵は定番。重量を考慮しながらチョイスしよう。特におすすめはウインナーやベーコンなどの加工肉。これらを加えるだけで満足度は飛躍的に向上する。

ゴミも減らせる登山者に人気のごはん

湯を注ぐだけで簡単に調理できるカップライス。手軽なので登山にぴったりであり、味の完成度も高く多くの登山者に愛されている。カップ麺と同じく、そのままだとかさばるため、中身をあらかじめ密閉袋などに移して持ち運ぼう。食べ終わったら密閉袋のみがゴミになる。これをそのままゴミ袋にして、他のゴミとまとめると合理的だ。

Point 調理のコツ

1

密閉袋に移し替える

容器の中身を密閉袋に入れて、空気を抜いてからコンパクトに閉じる。密閉袋は耐熱温度が100℃のものを選ぶ。

2

コジーに入れて持ち運ぶ

密閉袋をコジー(P131)に入れて持ち運ぶと、二重で封ができるのでバックパック内でこぼれてしまうのを防ぐこともできる。

3

ウインナーをボイルする

カップライス用の湯を沸かす際、ウインナー(5本)を一緒にボイルする(クッカーはP121のものを使用)。

4

湯を密閉袋に注ぐ

湯が沸いたら、①にボイルしたウインナーごと注ぎ入れる(写真ではコジーから出しているが入れたままでよい)。

5

封を閉じて指定時間待つ

密閉袋とコジーの封を閉じて、5〜6分待つ。表記は5分だが、やや長めに待つことで、よりやわらかくなる。

6

よくかき混ぜて食べる

中身をよくかき混ぜてから食べる。フォークスプーンなど先端が鋭利なカトラリーの場合、密閉袋に穴を空けないよう注意。

アルファ化食品など

山めしの定番アルファ化米。
軽量化の観点でも優秀な食材といえる。

参考重量

120 g

パッケージ込みのごはんの重量

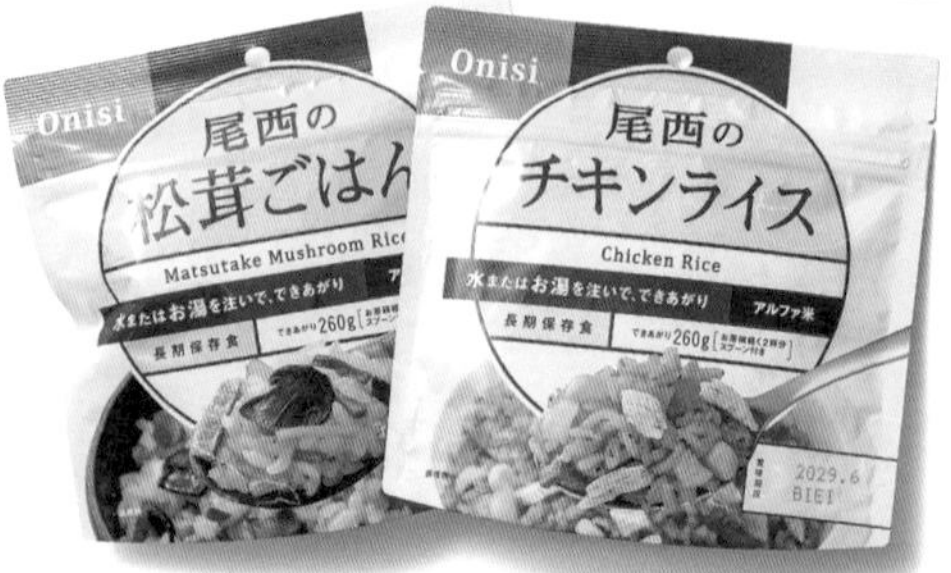

食器とカトラリーが不要

炊き立てのごはんを乾燥させたアルファ化米。味の種類も豊富で、おかゆやおにぎりの展開もある。袋にそのまま湯を注げるので食器が不要な点もうれしい。スプーンも付属しているので、自前のカトラリーを減らして軽量化も可能。

調理時間を短くしたい人向け

ショートパスタをアルファ化させたもの。湯で戻すともっちりとした食感が楽しめる。こちらもアルファ化米と同様、袋が容器になっておりスプーンも付属している。アルファ化米より短時間で食べられるので時短を目指すならこちら。

究極的には食事に火も水も使わない

お湯を入れて15分ほど待てば温かい食事を得られるアルファ化食品。手軽で登山に適しており、長期保存できるので自宅での非常食として備蓄も可能。1パックで200〜360㎉ほどと、おにぎり1個の半分の重量でおにぎり1〜2個分のカロリーが摂取できる。

最大の特徴は水でも戻せてしまう点。調理に火を使わないので、仮に燃料や火を失っても食べられるのは非常時にはありがたい。味気ないかもしれないが、ストイックに軽量化するなら選択肢のひとつに。日帰りならパンやおにぎりなど水も不要な食事にして、さらなる軽量化を目指してもいいだろう。

Point 食材をコンパクトにする方法

コンパクトさを追求しよう

水を使わない食事としては種類も豊富なパンも選択肢となる。ただおにぎりに比べるとややかさばるものが多いので、クロワッサンなどは購入後密閉袋に移して可能な限り潰してしまう。重量は変わらずふんわりとした食感を失ってしまうわけだが、得られるエネルギー量は変わらずにコンパクトに持ち運ぶことができる。

1

ふわふわでしっとりした食感が人気のバタースコッチも、容赦なく潰してしまう。

2

かさばる食材でビフォーアフターの差が大きいものほど、登山に向いている。

Check

アルコールは本当に必要?

登山の疲れを冷えたビールで癒す。これも山での楽しみのひとつだろう。しかし、350mℓ缶で370gの重量がある。おつまみも加えたら500gにも達する。努力して軽量化を図ってでも担ぎたい重量なのか考えてみよう。幕営地に山小屋があり、ビールを販売しているなら話は別だが、翌日も行動予定はあるはず。幕営の目的は体力の回復であることをお忘れなく。

COLUMN　共同装備はやっぱり最強

現在の登山はかつてに比べてかなり個人主義になっている。グループ登山でも、各人がソロ用のシェルターやストーブ、食材を持ち込み、個食個泊で幕営することが多い。昔ながらの山岳会や大学の山岳部は、ひとつの大きなシェルターにみんなで泊まり、ひとつの調理器具で全員の食事をまかなう。ファーストエイドやトイレットペーパーに至るまで、可能な限りを共同装備として分担して持ち運ぶ。当然ひとりひとりの負担は分散され軽減されることになる。昔はひとつひとつの道具が重かったため、必然的に共同装備にする必要があったが、現在は非常に軽い道具が開発され、個別でのスタイルが容易になったといえる。

現在の登山では2〜3人によるグループ登山が多いようだ。2〜3人だとしても、共同装備の考え方を持ち込むことで、ずいぶんと軽量化できる。例えばカップルの場合、シェルターは2人用のツェルトにし、調理器具も1台にする。パーソナルアイテムの代表格でもある寝袋では、2人用のトップキルトなども選択肢になる。マットもエアー注入式の2人用を採用することで、大幅に軽量化することができるだろう。親子での登山なら子どもの荷物はダウンジャケットなどの防寒着だけでいいかもしれない。家族や気の合う仲間との登山であれば、気兼ねなく共同装備を採用できるはずだ。特に初心者や体力に自信のない人が同行者であるほど、共同装備のメリットは高まるだろう。

PART

6 非常時装備などの軽量化

ファーストエイドキットなど、もしものときに必要な装備も欠かせない。
ここでは緊急時に対応するための装備やより難度の高い
アクティビティに臨む際の装備の軽量化について紹介していく。

万全に備えておきたいものだが、
際限なく持っていくと重量はかさむ。
本当に必要なものだけを選択できるスキルと考え方が必要だ。

ファーストエイドキット

重大なとき用と軽症用に絞り込む

山の中のトラブルは、いつ何が起こるかわからないため、ファーストエイドキットは必ず持つこと。レスキューの知識がある人や医療関係者であると、装備が増える傾向にあるようだ。だが、万が一のための道具に重量を割くのはもったいないなく、何が必要なのかをよく見極めて道具を絞り、使いこなす技術や工夫するアイデアを身につけることが重要だ。考え方としては、**怪我や症状の重大なときと、軽症時に必要なものに絞って用意しよう**。

重大なときとは大量出血や心肺停止といった命に関わる可能性のある怪我や症状に対処する場合だ。軽症用は発熱や靴ずれなどで、その場で対処すれば、自力下山ができるケースを指す。他にも虫さされやウルシなどのかゆみは、集中力低下により重大な事故を起こす可能性があるのでかゆみ止めを持つ。そしてなるべく削りたいのは、救助要請が必要な中程度のもの。捻挫・骨折の対応と救助隊が来るまで安全な場所に搬送するようにできる道具は必要だが、その他はキリがないので減らそう。

ファーストエイドキットの中身

必要最低限に絞り込んだ、
ファーストエイドキットの一例を見てみよう。

参考総重量
60 g

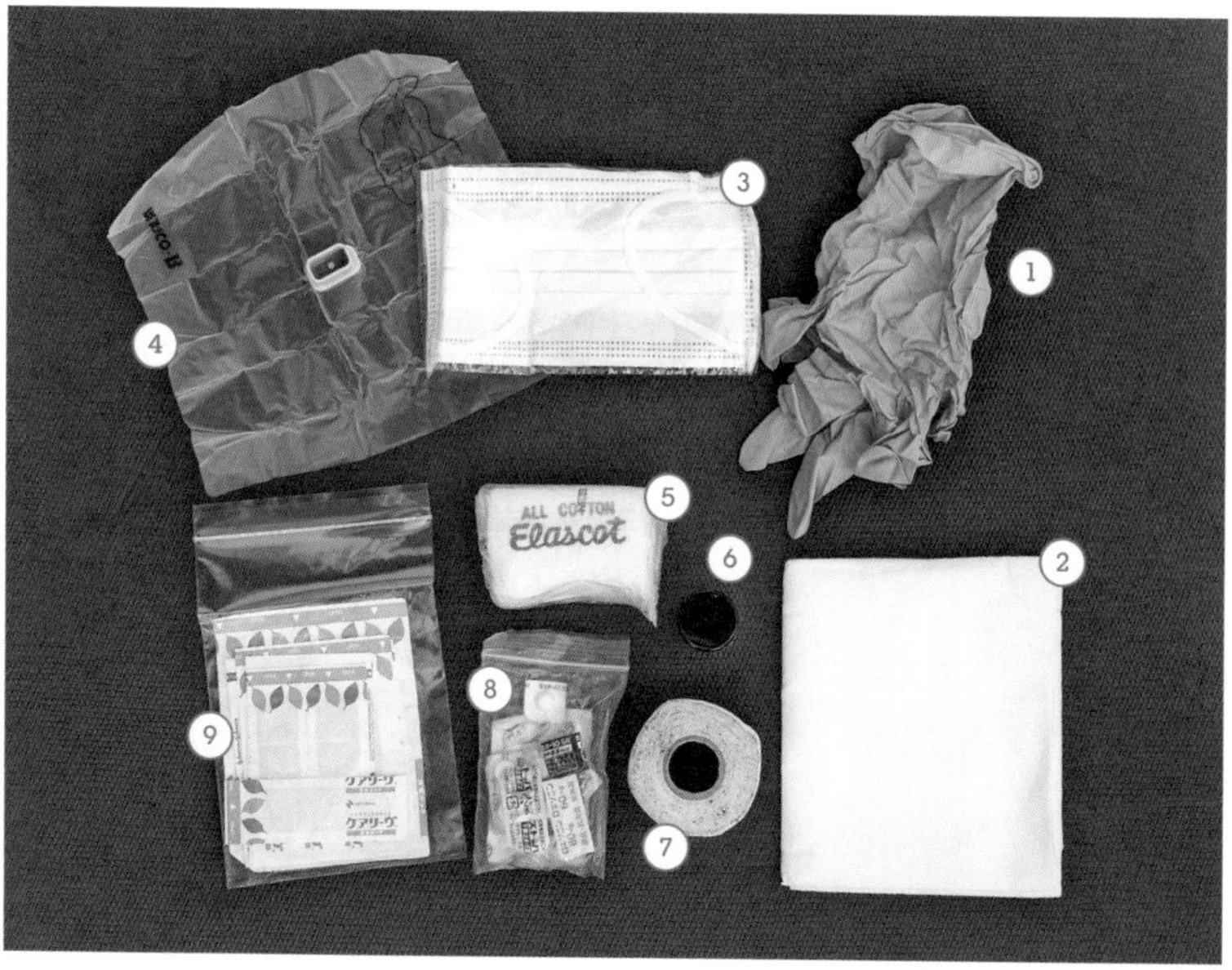

このセットを軸に、山行計画やルートによって必要だと思うものを追加して持とう。

⑦ テーピングテープ

幅38mmのもの。捻挫や骨折などに対処するために使う。使い方をあらかじめ学んでおこう。

⑧ 常備薬

常備薬は基本的な解熱鎮痛剤、下痢止めや胃薬など。その他、こむら返りに効く漢方など。

⑨ 絆創膏

大判の湿潤療法の絆創膏はかかとの靴擦れに効く。その他いくつかサイズ違いの絆創膏を備える。

④ 人工呼吸用マウスシート

感染防御のために人工呼吸用のマウスシートを使えば、リスクを下げることができる。

⑤ 弾性包帯

一定のところまで伸びる包帯は抹梢壊死を防げる。圧迫を継続しながら外傷箇所の対処ができる。

⑥ かゆみ止めの軟膏

ウルシかぶれなど、激しいかゆみを伴いながらの行動はトラブルにつながるため携行する。

① ゴム手袋

他の人の血液や体液に触れると感染症に感染するリスクがあるので、絶対に必要な道具。

② 三角巾

圧迫止血をしたり、止血帯や骨折時など多用途に使える。使い方をあらかじめ知っておこう。

③ マスク

嘔吐を繰り返すなどの症状がある体調が悪い人と接触するときに、感染リスクが下げられる。

エマージェンシーキットは万が一のときに使うもの。
あれもこれもと心配していろいろ詰め込んでしまい
重量がかさむことが多いが、絞るための考え方を解説する。

エマージェンシーキット

軽量で多くの用途に使えるものを選ぶ

エマージェンシーキットはたくさんの道具を持っていく必要はない。非常時以外は使うことがないので、なるべく軽量化したい。**最低基準はビバークをするのに必要なもの**で、それ以外に起きそうなトラブルに対応できる道具を山行計画によって選んで加える。例えば軽量のノコギリは、ビバークをするためのシェルターの支柱となる棒（枝）を切り出す他、怪我人のための担架を作ったり、松葉杖を作ったりすることができる。細引きも同様で、シェルター設営にも使えて、ノコギリで切った棒を組み合わせて結んだり、靴紐が切れた際の代わりにもなる。他にも、用途はひとつだが持っておきたいものはシグナルミラーだ。これは、電源が不要で太陽光を使って遭難信号を遠くまで送ることができる。信号を送りたい先の目標物（救助ヘリコプターなど）と鏡の間で、指をVの字（ピースなど）にし、その指に鏡の光が当たるように反射させることで位置を知らせる。

このように、非常時用の道具はファーストエイドの道具と同様に、使い方や創意工夫のアイデアを持つことが大事だ。

エマージェンシーキットの例

エマージェンシーキットにあると便利な道具を一部紹介する。
行く山と日数、ルートなどで自分に必要なものを考えてみよう。

参考重量

1g/m

太さ2mm程度の細引きが10mあると便利

担架や松葉杖を作る際、木と木をつなぎ合わせるのに細引きが必要になる。シェルターの設営や、靴紐が切れたときにも使える。

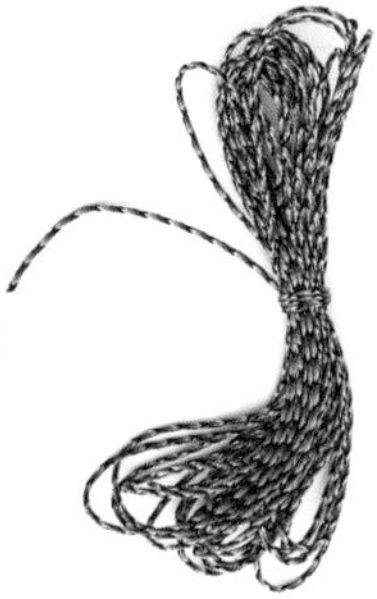

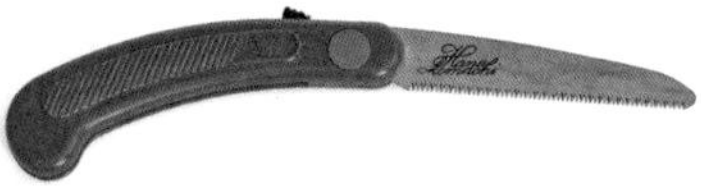

参考重量

32 g

剪定用の軽量ノコギリ

緊急時、枝を切って担架を作るなどの際に役立つ。コンパクトな剪定用で柄がプラスチックなので、このノコギリの場合は32gと超軽量だ。

参考重量

0.7 g

防風・防水で15秒間燃え続けるマッチ

荒れた気象環境の状況下でも使えて安心。箱入りは25本入りなど多めなので、必要だと思う本数を防水のケースに入れておくとよい。

参考重量

20 g

太陽を使って信号を送るシグナルミラー

遭難したら太陽の光が当たる場所に出て、見える山頂やヘリコプターなど信号を知らせたい場所へ光を届ける。使い方を事前に知っておこう。

参考重量

20 g

民間ヘリをシェアするGPS発信機

遭難時にヘリコプターの出動を要請した際、遭難者の位置を特定し、捜索時間を短縮。冬季は携帯しないと入れない山もある。

参考重量

100 g

衛星通信機

山の中で電波が届かない場所でも外部に連絡をする手段となる衛星通信機。空さえ見えていれば、外部に連絡することができる。音声通話ではなくテキストでの通信形式となる。

 ※ナイフはP146にて紹介

山では緊急時以外は使用することのないナイフ。
ここでは改めてどんなときに使用するのかを復習して
それに見合った中から軽いものを選んでみよう。

ナイフ

使用シーンは限られるが必要な装備

さまざまなアウトドアアクティビティの中でも、特に自然奥深くに踏み込む登山の世界には、本格的なサバイバルナイフが必要だと思われる方もいるかもしれない。しかしそれは誤りだ。登山において刃物を必要とするシーンは、袋を切ったり、細引きを切ったり、テーピングテープを切ったりする程度。**ナイフは小さなものでもいいし、なんならハサミのほうがずっと出番は多いかもしれない。**クライミングのレスキューで人の体重が乗った状態のロープを切らなければならないシチューエションもあるかもしれない。実はテンションが掛かったロープというのは小さな刃物でも簡単に切れる。登山のナイフは小さくていい。

おすすめなのは小さなツールナイフだ。例えばトゲ抜きがないとトゲを抜くことはできないが、専用品を持つと重くなる。ヤスリも伸びた爪を削るのに役立つし、爪楊枝もあると便利だ。これらの「あったらうれしい道具」がひとつに集まっているのがツールナイフである。だがあまりに欲張ると重くなるので注意したい。

マルチツール

いろいろな道具がひとつにまとまったマルチツールはやっぱり便利！
何が必要なのかを見極め、最小限の機能のものを選択する。

参考重量

75 g

多機能のマルチツール

多機能のマルチツールは多くの道具が詰まっているため、ひとつあればさまざまなことに対応ができる。ただ、山では不要なものが多く、便利だからといっていろいろな工具がついているものを持つのは軽量化の観点から見ると望ましくない。最低限のものを選ぼう。

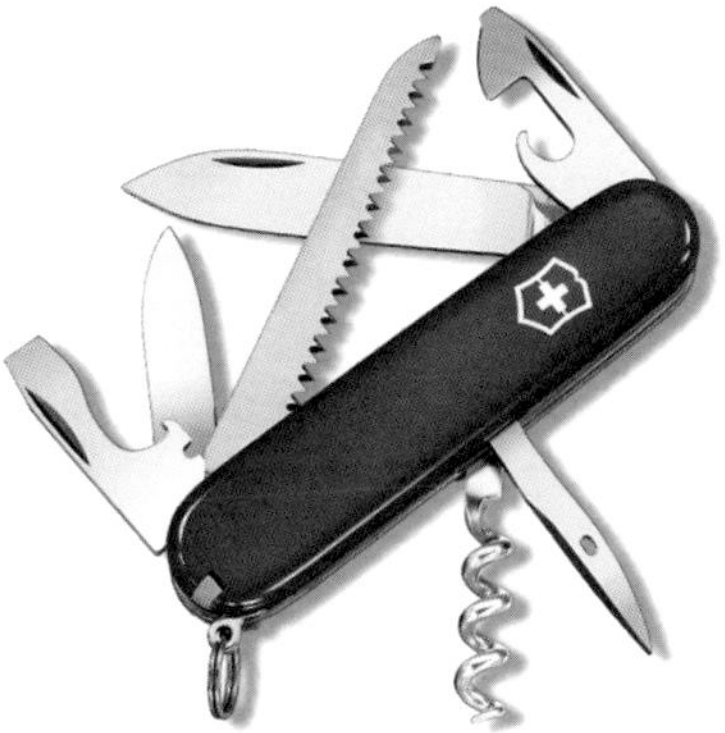

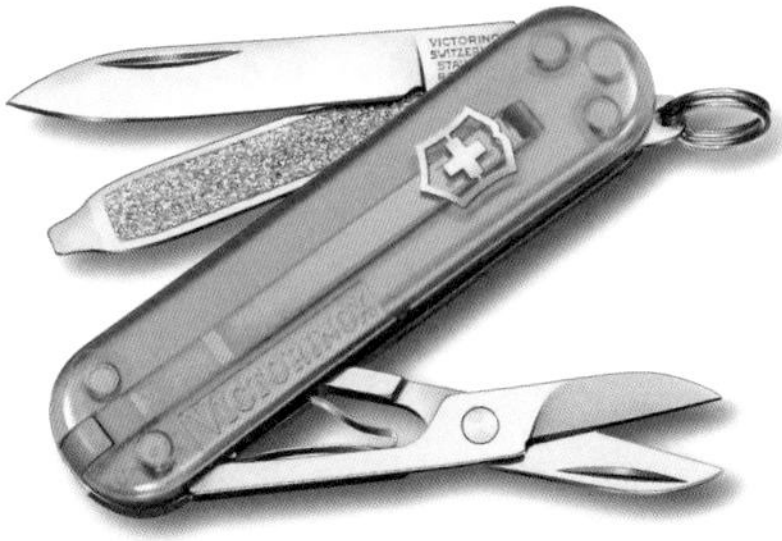

参考重量

21 g

山で便利な十徳ナイフ

山で便利なのは、最もミニマムで定番な機能を持つもの。例えばこの場合はナイフ、ハサミ、トゲ抜き、爪楊枝、やすりがついている。ナイフやハサミとトゲ抜きは重宝することだろう。こうした定番製品は堅牢性がありコンパクトなので携行しやすいのが利点だ。

写真提供:ビクトリノックス・ジャパン

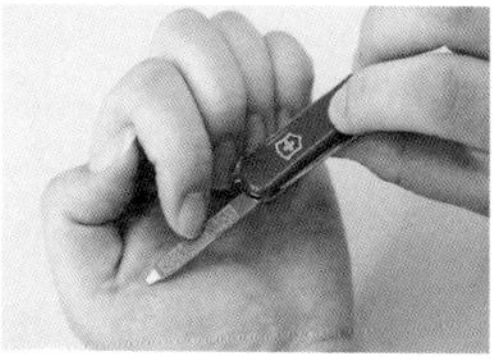

山中での生活水準も向上する

山では爪が割れることも少なくないため、やすりがあると便利。自宅には当たり前にある爪楊枝も、山では何かと役立つ。

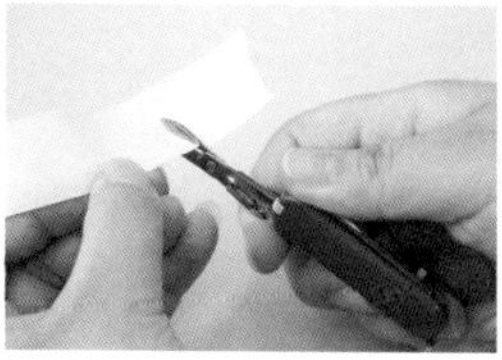

小さいながらも重宝するハサミの存在

ハサミがあると助かる場面は少なくない。特にテーピングテープや包帯を使う場面では重宝するだろう。

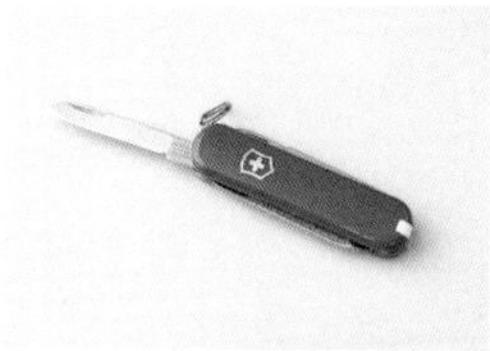

公共交通機関での移動時に注意

刃物は飛行機などには持ち込めないので、預け入れなどで対応すること。

着替えの重要な役割は濡れたときの低体温症を防ぐこと。
非常用の装備という側面があるので、
軽量化を意識したいアイテムだ。

着替え

メッシュ素材だとさらに軽くなる

山行中に雨や発汗などで衣類が濡れてしまった場合は、**冷えによる低体温症を防ぐためにも着替えを持参しておくと安心**だ。だが、万が一のための装備で重量が増えてしまっては本末転倒だ。

インナーの着替えは軽量な化繊で、季節にもよるが寒くない時期ならトップスはタンクトップでパンツは七分丈などのタイツを選ぶ。生地はメッシュであるとより軽量になる。もし濡れてしまった場合は、行動中は体が温まっているので濡れたままで行動してしまおう。テントを設営して落ち着いたら、乾いたウェアに着替えるのがよい。もし着替えを山行中に使わなくても下山後の温泉などで使える。

また、着ていくインナーウェアの素材は綿を避けて、化繊かウールにしておこう。化繊の生地はほとんど保水しないので、汗が拡散されて蒸発しやすい。ウールは水分を吸収すると発熱するメカニズムがあるため、乾きやすいが重量がある。冬のインナーウェアはウールやウール混紡、夏のシーズンは化繊のものを選ぶとよい。

インナーウェア

行動中は体の発熱によって着たままでも乾かせるが、
停滞時は乾いたインナーウェアに着替えることで、体温の低下を防ごう。

参考重量

56 g

軽量化のため
タンクトップを選ぶ

長袖か半袖かタンクトップか、袖の長さで大きく重量が変わる。また素材もウールか化繊かメッシュの化繊かでも大きく重量が異なる。軽量化を優先する場合、袖の有無や素材選びにも気を遣いたい。

参考重量

58 g

インナーパンツは
七分丈を選ぶ

時間が迫っている場合や状況に応じて、夏は多少の雨ならレインパンツをはかず、パンツは濡れるものと考える。テント内ではインナーパンツを、寒かったらレインパンツをはいて過ごす。

人が山で活動しているとき、
必要な道具は登山道具だけにとどまらない。
サニタリー用品なども軽量化できるか考えてみよう。

生活用品

最低限の生活レベルは維持できるように

山小屋やテント場などで宿泊をする、すなわち生活をするという点では、人にとって必要なものは衣類や登山道具だけにとどまらない。山の中だから気にならない、という人もいるかもしれないが、顔を洗ったり歯を磨いたりといったことをしないと、気分よく行動できない人もいるだろう。それに、食事をすれば排泄もしたくなるが、近くにトイレがない状態でもよおすこともある。要するに、家に当たり前にあるものも、装備に加えて持っていかなければならないのが登山なのだ。

しかし、なんでもあれこれ持っていくと重量がかさんでしまう。どのアイテムでも述べてきた、同じことの繰り返しになってしまうが、**最低限自分に必要なものに絞り込んで、できるだけ軽量化し、携行方法も工夫することが重要だ。**最低限のラインは、それがないことでストレスを感じて行動や睡眠に集中できなくなるようなものであるかどうかが基準になる。心身のストレスで極度に回復を妨げられるような事態を招かない備えをしておこう。

サニタリー品の例

登山でも持っていきたい、身体の衛生に関わるアイテム。
これらも可能な限り軽量化と利便性を追求しよう。

参考重量

100 g

トイレットペーパー

緊急時のトイレットペーパーとしてはもちろん、ティッシュとして使ったり食器の汚れを拭き取ったりと、活躍の場面は多い。

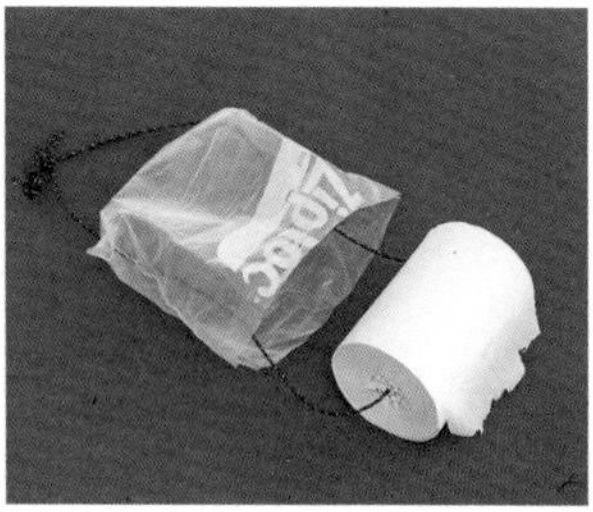

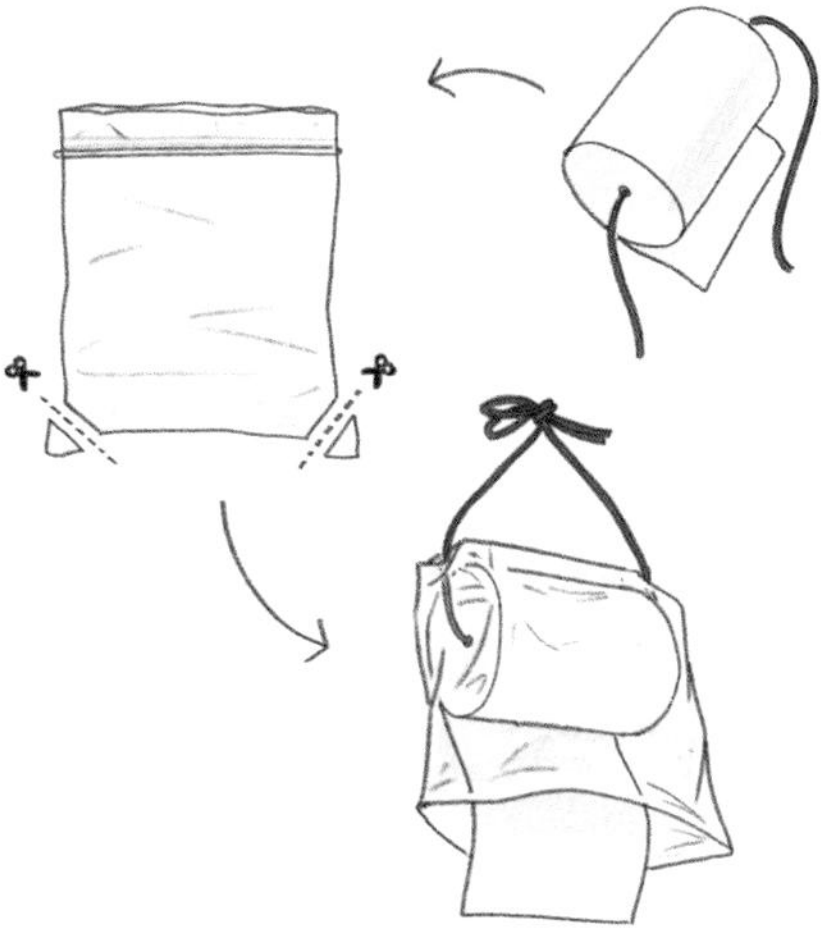

トイレットペーパーホルダーの作り方

紙芯のないトイレットペーパーに細引きを通す。細引きの長さは首にかけて胸元にくるくらい。密閉袋の上部と底部は両端を切って、細引きを通してトイレットペーパーを収納する。

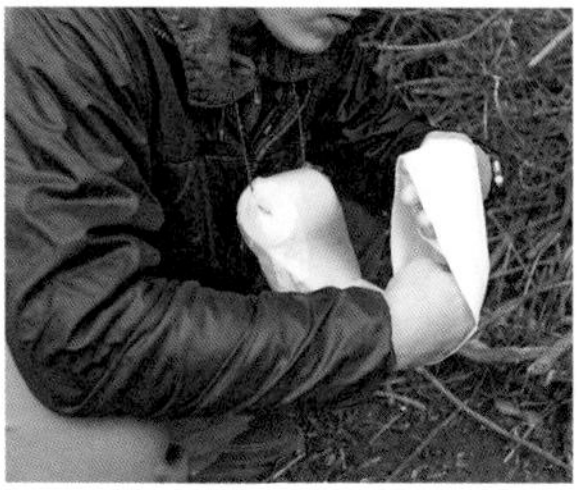

トイレの際、首からかけて使用することで両手が使えるし、雨天時でもペーパーが濡れない。

耳栓

周囲の話し声やいびき、風によるテントのバタつき音などで眠れずにいると、疲れが残り翌日の行動に響いてしまう。耳栓は軽いので備えておきたい。

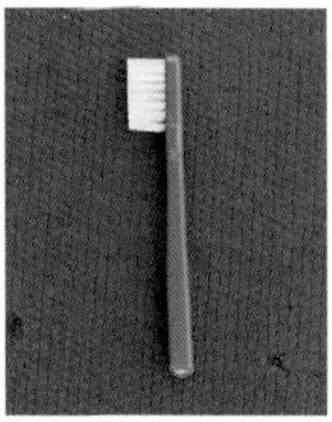

歯ブラシ

食事をしたら歯磨きをしたい。わずかな軽量化ではあるが、歯ブラシは持ち手を短くカットしても使える。この写真で9gが4gまで軽量化。おおよそ半分の重量だ。

雪山装備は雪崩に対処するためのアバランチギアなど
マストアイテムが多く装備が重くなりがちだが、
それだけに軽量化を意識する必要があるジャンルでもある。

雪山装備

軽量化することが安全に直結する

雪山登山の装備は、入る山域や時期によっては、装備は大きく軽量化することも可能だ。

本格的なバックカントリーなどを行う場合は、最新のビーコン、丈夫で長いプローブ、頑強なピッケルを持つべきだが、仮に雪崩リスクがさほど高くない雪山登山なら、最軽量のカーボン製のプローブ、軽量のショベルで代替しても、リスクは高くないといえる。状況やシチュエーションに応じて、雪山登山装備も大きく軽量化することができる。雪山登山においての軽量化は確かに道具の強度などの面からリスクが増す可能性もあるが、それ以上に雪山登山において滑落のリスクが最も怖く、**初動停止を行う上で、重量が軽いということはとても大きなポイントだ。**また重量が軽いことは不安定な雪の上、アイゼンを履いた状態での岩稜での歩行においても、転倒するリスクを大きく軽減することができるので、雪山登山における軽量化というのは、安全にも直結していくことになる。

雪山装備の例

雪山で必要な装備は十分な防寒着の他、
歩行を助ける道具や雪崩に遭ったときにの備えが必須となる。

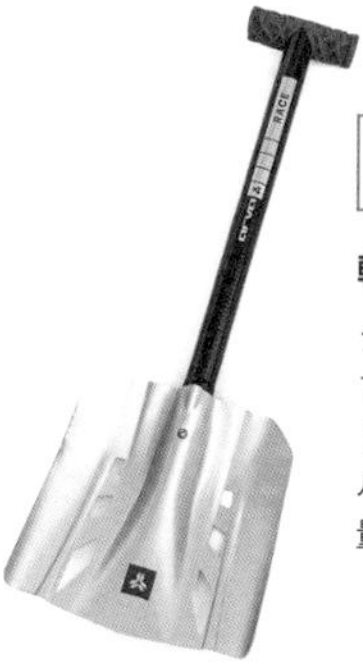

参考重量

300 g

軽量のショベル

シャフト(柄)がカーボンファイバー製で、ブレード部分は耐久性のあるアルマイトでできている軽量のショベル。

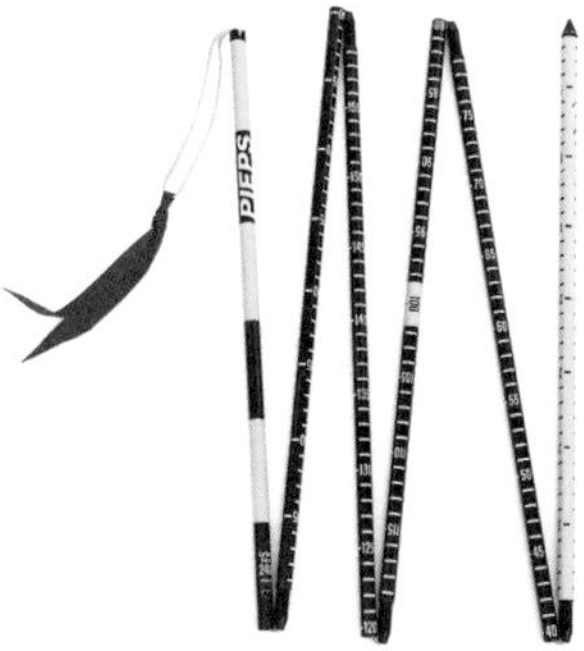

参考重量

120 g

埋没者を見つけるプローブ(ゾンデ)

軽量なものはカーボンでできている。雪崩リスクが少ない雪山なら短めで軽量なものを携行する。

参考重量

270 g

軽量のピッケル

ブレードとシャフトの素材を変えるなどの軽量化がされているピッケル。雪崩リスクが少ない雪山にちょうどよい。

参考重量

170 g

バックカントリーなどで使われる軽量のビーコン

ビーコンは選択肢が少ないギアのひとつだが、軽量のビーコンも販売されている。使い方がわからないと携行しても無駄なので練習しよう。

参考重量

740 g

日本の雪山にはワカンがいい

突然の雪でトレースが消えたり、豪雪だったりと必要になることはあるが、持ち歩くだけになることもあるので軽量のものにしておこう。

参考重量

570 g

近年増えつつある軽量のアイゼン

近年の軽量なアイゼンはフロントとリアで刃が異なる素材で作られていたり、これまで金属製だったパーツが別の軽い素材になっていたりする。

装備構成のあり方によって、
特に重量が大きく変わるのがクライミングギア。
アイテム数が多く、ひとつひとつの軽量化が総重量に大きく影響する。

クライミングギア

安全を確保した上で軽量化を図る

アルパインクライミングにおいて携行するギアも可能な限り、軽いほうがよい。クライミングギアを軽量化する上で**重要なのが、装備をできるだけ兼用にし、点数を少なくすること**。カラビナやクイックドローなど、さまざまなシステムを構成する上で、少ないアイテム数で対応できるような装備と技術を身につける必要がある。例えば、プーリー、補助ロープ、その他のアクセサリー類、グローブなどのギアは、プラスチック製のアクセサリーカラビナを使用しても問題ない。ここで強度のあるクライミング用のカラビナを使用すると50g、さらに10カ所で500gの違いになる。

だが、**本来持つべき装備を持たないのは問題である**。例えば、ロープを使った安全確保をする以上、仲間が宙づりの状態で身動きが取れなくなる可能性がある。この状態から救助するためのプーリーやアッセンダーなどの器材は必ず携行する。これらの装備を踏まえた上で可能な限り点数を少なく、かつ軽量なギアの選択をすることが重要である。

クライミングギアの例

必要なアイテム数の多いクライミングギアの中から、
代表的なものを数例紹介。

参考重量

185 g

クライミング用ヘルメット

製品によって重量が大きく異なる。全体が発泡ウレタンで構成されたタイプのヘルメットが最も軽量。落下物に対する衝撃吸収性も高いため安全性が高い。

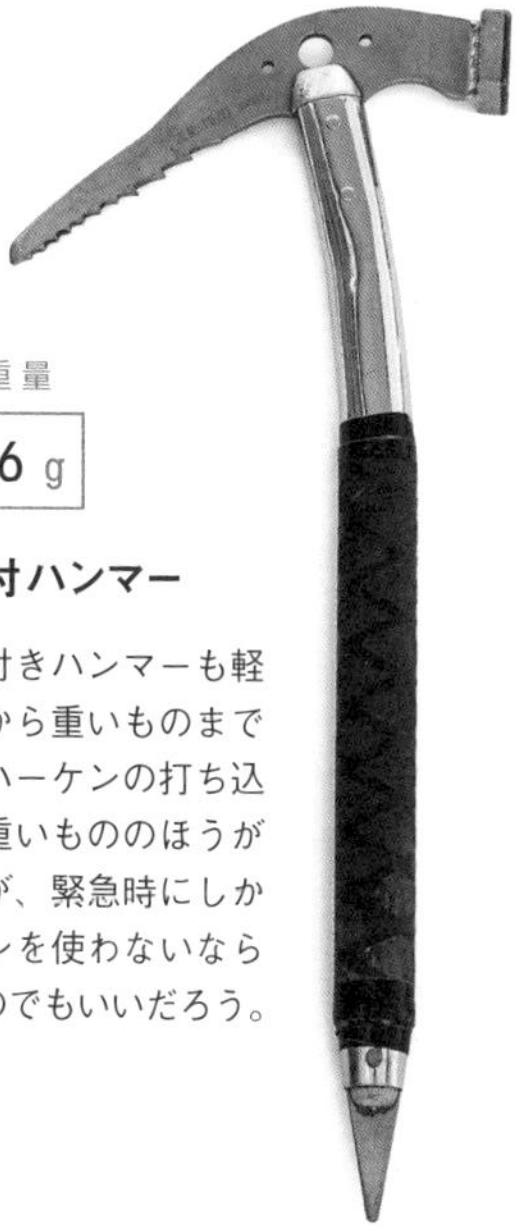

参考重量

406 g

ピック付ハンマー

ピック付きハンマーも軽いものから重いものまである。ハーケンの打ち込みには重いもののほうが適するが、緊急時にしかハーケンを使わないなら軽いものでもいいだろう。

参考重量

1290 g

クライミング用ロープ

クライミングのロープにはさまざまなものがあるが、使用するシチュエーションによってロープの長さや太さを変更し、軽量なロープを使用することによって、登攀の動きが滑らかなものとなる。これは30mの軽量なシングルロープでシングル、ハーフ、ツインの3つの規格を得た高性能ロープである。シングルロープの規格基準を満たす強度を持ちながら、ツインロープの規格基準と衝撃吸収性を持つハイスペックなロープ。

Point　軽量化のポイント

重くてかさばるギアを整理してみよう

ハーネスに固定する道具例を紹介する。

挑戦するルートや使う人のクセにもよるが、どのように整理するかの参考にしてほしい。

右側

安全環付きカラビナやクイックドロー、ビレイデバイスなどよく使うもの。利き手の右側にはよく使うギアをまとめている。

左の前

グローブなど片手でセットしにくいものや、小さくて見失いそうなプーリーなどを左の前にまとめている。

左の後ろ

ここに携行するギアはルートによって変わる。あったら使えそうなナッツやハーケンなど、万が一のときに使いたいものをまとめている。

おわりに

私が登山インストラクターという職業を選択したのは、山で人が死なないためにはどうしたらいいかと考えた結果、そもそも死に至る遭難事故が発生しない技術と知識を教育すべきと考えたからです。この思いをより強めたのは2015年の春。仲間が目の前で250mも滑落したときのこと。奇跡的に大きな怪我はありませんでしたが、死を間近で感じることになり、それ以来、安全登山を強く提唱するようになりました。

山岳遭難死亡事故は転滑落、病気、低体温症の3つがその大部分を占めます。つまりこの3つをいかに防ぐかで命を失うリスクを大きく下げることができるのです。その大きな要素に軽量化があります。荷物が軽くなれば転倒する確率が格段に減るし、万が一の滑落の際にも止まれる可能性が高くなります。また、荷物が軽くなれば疲れにくくなり、それは結果として高齢者の病気による突然死の防止にもつながるでしょう。万が一の際に暖かく泊まれる装備があれば低体温症で命を落とすリスクが減ります。ただ、これを日帰りでも持つには、装備全体の重量が相当に軽くないと難しい。軽量化を研究し世に広めることは、登山インストラクターとして人の命を救う上で、絶対に必要なことであると考えています。

本書でより多くの方に軽量化の技術と知識が知れわたり、結果として読者の皆様の山での安全につながればと願っています。なお、転滑落を防ぐもっとも有効な手段はロープによる安全確保です。私が主宰する登山教室では主にロープを使った安全確保技術を指導しています。ぜひ学習機会を設け、安全登山に活用いただければ幸いです。

栗山祐哉

軽量登山入門

2024年6月11日　第1刷発行

著者　栗山祐哉
発行人　土屋 徹
編集人　滝口勝弘
編集担当　酒井靖宏
発行所　株式会社Gakken
〒141-8416
東京都品川区西五反田2-11-8
印刷所　大日本印刷株式会社

STAFF
ブックデザイン　牧 良憲
撮影　後藤秀二
写真提供　山谷 佑、渡辺有祐（フィグインク）
イラスト　Miltata
編集制作　渡辺有祐（フィグインク）
執筆協力　井上綾乃
校閲　山本尚幸（こはん商会）
製版　グレン

栗山祐哉
くりやまゆうや

JMIA日本登山インストラクターズ協会認定の上級登山インストラクターとして、登山教室「Kuri Adventures（クリアドベンチャース）」を経営。科学的根拠に基づいた理論的な技術講習を軸として担当。SMPO日本安全登山推進機構代表理事も務める。主な監修書に『はじめてのテント山行』、『疲れない山歩きの技術』（ともにメイツ出版）、『新しい登山の教科書』（池田書店）がある。ほか、山岳専門誌及びテレビ番組に多数出演。アウトドアブランド「Ferrino」公式アンバサダー。

https://www.kuri-adventures.com/

[この本に関する各種お問い合わせ先]
- 本の内容については、下記サイトのお問い合わせフォームよりお願いします。
  https://www.corp-gakken.co.jp/contact/
- 在庫については　Tel 03-6431-1250（販売部）
- 不良品（落丁、乱丁）については　Tel 0570-000577
  学研業務センター　〒354-0045 埼玉県入間郡三芳町上富279-1
- 上記以外のお問い合わせは　Tel 0570-056-710（学研グループ総合案内）

学研グループの書籍・雑誌についての新刊情報・詳細情報は、下記をご覧ください。
学研出版サイト https://hon.gakken.jp/